Hattig/Schipporeit
Großstadt-Durchbruch

Susanne Hattig / Reiner Schipporeit

Großstadt-Durchbruch

Pioniere der Berliner U-Bahn
Photographien um 1900

Herausgegeben vom Deutschen Technikmuseum Berlin

Jaron Verlag

Originalausgabe
1. Auflage 2002

Umschlaggestaltung: Prill Partners | producing, Berlin,
unter Verwendung eines Fotos vom DB Museum Nürnberg
Satz und Layout: Prill Partners | producing, Berlin
Bildbearbeitung: Clemens Kirchner, DTMB
Redaktionelle Mitarbeit: Maria Borgmann
Lithographie: LVD GmbH, Berlin
Druck und Bindung: Druckhaus Köthen GmbH
ISBN 3-89773-064-2

INHALT

Hallesches Thor, 1901

Vorwort

Im Jahr 1902 wurde die erste deutsche Hoch- und Untergrundbahn in Berlin eröffnet. Das Deutsche Technikmuseum Berlin widmet der verkehrshistorisch bedeutsamen Unternehmung im Jubiläumsjahr 2002 eine Ausstellung sowie einen Katalog unter dem Titel »Großstadt-Durchbruch«.

Mit den Berliner Verkehrsbetrieben (BVG), der Nachfolgeeinrichtung der damaligen Hochbahngesellschaft, unterhält das Museum seit langem gute Kontakte. Seit 1993 befindet sich – gemäß einer Vereinbarung zwischen BVG und Senatsbehörden – die umfassende Sammlung historischer Fahrzeuge und Objekte der BVG in den Depots des Museums. Darüber hinaus liegt das Deutsche Technikmuseum Berlin an einer für die Hoch- und Untergrundbahn bedeutenden Stelle: An der Trebbiner Straße steht nicht nur die stadtbekannte Überführung am Landwehrkanal, sondern hier befand sich auch, dem heutigen Museum gegenüber, das erste Kraftwerk der Stammlinie. Leider existiert der alte Bau nicht mehr, sonst gehörte er heute vielleicht zum Museum.

Die Hochbahn, erst Stammlinie, dann Linie B und jetzt U 1 genannt, korrespondiert in schöner Weise mit unserem Haus. In der Glasfassade des Museumsneubaus entstehen wunderbare, dynamische Bilder, die den Fahrgästen der U-Bahn das eigene Fortkommen vorspiegeln. Mit der Eröffnung des Neubaus erwartet auch die Besucherinnen und Besucher des Museums eine überraschende Perspektive: Zugleich mit der vorbeifahrenden U-Bahn können sie deren bewegtes Spiegelbild unter den Trägflächen des Rosinenbombers entdecken. Zudem sind wir der BVG überaus dankbar, dass sie unsere potentiellen Gäste so werbewirksam an unseren Gebäuden entlangführt!

Das Erscheinen des Katalogs bietet dem Sammlungsbereich »Kommunalverkehr« die seltene Gelegenheit, seine Arbeit zu präsentieren – selten auch deshalb, da die einzigartige Nahverkehrsammlung aus räumlichen und finanziellen Gründen zurzeit nur im Museumsdepot zu besichtigen ist, und zwar jährlich an allen Sonntagen im September. Hier ist auch ein historischer U-Bahnwagen zu sehen, der auf der Jubiläumsstrecke Dienst tat.

Zur Realisierung des Kataloges war das Museum auf vielfältige Unterstützung angewiesen. Dankend hervorzuheben ist die hervorragende und unbürokratische Kooperation mit dem Siemens-Archiv in München, dem Bildarchiv des DB-Museums in Nürnberg, der BVG in Berlin und dem Kunstgussmuseum Lauchhammer. Erst sie ermöglichte die Zusammenstellung, Erschließung und Präsentation der Fotos. Der BVG und der Siemens Transportation Systems Berlin sei herzlichst gedankt für ihre großzügige finanzielle Hilfe, die die Verwirklichung von Ausstellung und Katalog erst zuließ. Anerkennung gebührt dem Jaron Verlag, der die Produktion des Katalogs in kürzester Zeit ermöglichte, sowie allen an der Entstehung beteiligen Mitarbeiterinnen und Mitarbeitern des Deutschen Technikmuseums Berlin für das große Engagement.

Dr. Lieselotte Kugler

Einleitung

Das Bildmaterial

Bau und Betrieb der ersten Hoch- und Untergrundbahnlinie in Berlin hat die Firma Siemens & Halske mit Balgenkameras auf Glasplattennegativen dokumentieren lassen. Dabei entstanden von 1898 bis 1902 Hunderte von Photographien. Nur die wenigsten dieser Aufnahmen sind in zeitgenössischen und späteren Veröffentlichungen verwendet worden. Die Negative sowie die Alben mit den Originalabzügen gerieten im Laufe der Jahre in Vergessenheit. Der Verbleib der Glasplatten ist bis heute ungeklärt, die Alben jedoch sind Anfang 2002 im Siemens-Archiv in München wieder entdeckt worden. Zu einigen als Abbildungen bekannten Aufnahmen sind die Originale allerdings noch nicht wieder aufgetaucht.

Andere Originalabzüge aus dem Siemens-Firmenbestand, die in München fehlen, befinden sich im Archiv des DB Museums in Nürnberg. Hierher gelangten sie zu einem unbekannten Zeitpunkt aus der Sammlung der Technischen Hochschule Darmstadt, wo sie 1923 inventarisiert worden waren.

Einige weitgehend unbekannte Bilder konnten zusätzlich in Lauchhammer aufgespürt werden. Das Eisenkunstgussmuseum besitzt einen Fotoband jener AG Lauchhammer, die mit dem Bau mehrerer Teilstücke der Stammlinie beauftragt war. Bei diesen Bildern handelt es sich allerdings nicht um Originalabzüge.

Photoalben mit Originalabzügen

Das Deutsche Technikmuseum Berlin präsentierte ab April 2002 in einer Sonderausstellung erstmals eine breite Auswahl des erst kurz zuvor gehobenen Schatzes. Die hochwertigen Aufnahmen wurden in Form von Drucken digitaler Reproduktionen ausgestellt, um die empfindlichen Originale zu schützen. Für das vorliegende Buch konnte die Auswahl nochmals erweitert werden, sodass es überwiegend Photos zeigt, die in dieser Qualität bisher noch nicht veröffentlicht worden sind.

Das Pionierprojekt

Die ausgewählten Aufnahmen bieten einen authentischen Blick auf die Errichtung und die Bautechnik der Hoch- und Untergrundbahn in Berlin. Die Verkehrssituation der Stadt am Ende des 19. Jahrhunderts ist bis heute zwar vielfach, jedoch kaum jemals treffender und anschaulicher als von Hanns von Zobeltitz beschrieben worden. Es bereitet durchaus Vergnügen, dieser zeitgenössischen Schilderung zu folgen:

»Wir Berliner sind durch die Entwicklung unseres Verkehrswesens nicht gerade übermäßig verwöhnt worden. Wir besitzen zwar seit 1882 unsere Stadtbahn ... Wir nennen weiter die weltberühmte ›Große Berliner‹ unser eigen, die mit ihrem Netz von über 600 Kilometern wohl die größte Straßenbahn Europas ist. Wir können uns des Besitzes zweier Omnibusgesellschaften rühmen. Mit dem überraschend schnell gewachsenen Verkehr aber haben alle diese Verkehrsmittel nicht annähernd gleichen Schritt gehalten.

Die Stadtbahn ... ist seit Jahren schon derart überlastet, daß sie den billigsten Ansprüchen nicht mehr genügt ... ihre Züge sind oft, zu gewissen Tagesstunden stets, derart überfüllt, daß in ein für 8 Personen bestimmtes Abteil 12 oder mehr geduldige oder ungeduldige Berliner hineingepreßt werden. Man träumt seit Jahren von ihrem Um- und Ausbau ... Die ›Große Berliner‹ besitzt eine Art von Monopol, das sie sich erst neuerdings wieder gesichert hat; ihre Verwaltung erfreut sich – ob mit Recht oder Unrecht, bleibe hier dahingestellt – einer allgemeinen Unbeliebtheit; jedenfalls übereilt sie sich nie übermäßig, wenn es gilt, neuen Forderungen des Verkehrs gerecht zu werden .

Berlin zählte im Jahr der Eröffnung der alten Stadtbahn etwas über eine Million, es zählt jetzt einschließlich der Vororte, die wirtschaftlich zu ihm gehören, zwei und eine halbe Million Einwohner. Es ist in der gleichen Zeit zur größten Industrie- und Fabrikstadt Deutschlands geworden ... und was noch interessanter und kennzeichnender ist, daß das Fahrbedürfnis nicht etwa im gleichen Maßstabe mit dem Anwachsen der Einwohnerzahl gestiegen ist, sondern fast zweiundeinhalb mal so schnell ...

Wer mit offenen Augen durch die Straßen Berlins geht, wird sehr bald die Überzeugung gewinnen, daß sie vielfach kaum noch den durch sie flutenden Verkehr, zumal den Verkehr von Fuhrwerken aller Art, aufnehmen können. Das Bild ist ein ganz anderes als z.B. in Paris. Dort sind es einige, meist sehr breite Straßenzüge, die ein Verkehr füllt, an den selbst der der belebtesten Punkte Berlins nicht heranreichen mag; wenige Schritte entfernt, liegen die anderen Straßen in idyllischer Ruhe. Bei uns sind überall, in der ganzen Stadt verteilt, Straßen zu finden, in denen geradezu, und zu fast allen Tageszeiten, Überfüllung herrscht, die den Verkehr verlangsamt und oft auch gefährdet. Der Großstädter stumpft gegen diese Gefährdung ab ... Für den mit der Eigenart des Verkehrs nicht Vertrauten aber ist z.B. heute schon das Überschreiten des Potsdamer Platzes nicht unbedenklich; solcher Punkte gibt es aber zu Dutzenden in Berlin ... und die Umgebung der Kaiser-Wilhelm-Gedächtniskirche ist auf dem besten Wege, sich zu einem ähnlichen Gefahrenpunkte zu entwickeln. Entlastung der verkehrsreichsten Straßenzüge: das ist daher die Aufgabe.

Es gibt für die Entlastung der Straßen, die schon heute im höchsten Grade wünschenswert ist, die in spätestens einem Jahrzehnt zur unbedingten Notwendigkeit werden wird, nur zwei Wege: die eine Lösung besteht in der Schaffung von Hochbahnen, Stadtbahnen also, die, ganz allgemein gesprochen, auf Viadukten geführt sind; die andere in der Anlage von Bahnen unter-

halb des Straßenniveaus, Tunnelbahnen, Untergrundbahnen … Daß der Betrieb derartiger Bahnen heute nur noch elektrisch gedacht werden kann, ist selbstverständlich.

Hochbahn wie Tunnelbahn entlasten den Straßenverkehr nicht nur unmittelbar, indem sie einen Teil desselben aufnehmen. Sie gewähren auch zugleich, und das ist kaum weniger wichtig, die Möglichkeit einer so schnellen Beförderung, wie sie keine im Niveau der Straße geführte Bahn bieten kann.«

Von den Menschen, die sich gegen Ende des 19. Jahrhunderts mit der Stadt- und Verkehrsplanung für die Hauptstadt des Deutschen Reiches befasst haben, wird kaum einer häufiger mit dem Adjektiv »weitsichtig« in Verbindung gebracht als Werner Siemens, seit 1888 »von« Siemens. Ihm wird niemand streitig machen können, früher als andere Lösungen für die vorhersehbaren Stadtverkehrsprobleme entwickelt zu haben. Auch die Widerstände von administrativer und privater Seite, die Werner von Siemens bei der Verfolgung seiner Hoch- und Untergrundbahn-Pläne zu überwinden hatte, waren Zobeltitz bekannt:

»Eine Fülle von Projekten tauchte auf und wurde wieder in den Aktenschränken der beteiligten Verwaltungen begraben, bestenfalls als ›schätzenswertes Material‹. Ein großer Teil der Einwohnerschaft selbst wehrte sich, solange es ging, gegen die ›Verunglimpfung‹ ihrer schönen Straßen … Besonders wurden gegen tiefer liegende Untergrundbahnen die Bodenverhältnisse und die Grundwasserverhältnisse Berlins ins Treffen geführt. Alle diese Befürchtungen, Einwände, Bedenken entbehrten an sich wahrlich nicht der Begründung. Man übertrieb sie aber einerseits, man übersah andererseits, daß die Schädigungen, die man prophezeite, sich … wenn nicht beseitigen, so doch mildern ließen. Die Hauptsache aber war: Das Bedürfnis der Gesamtheit mußte befriedigt werden – auch auf Kosten der Wünsche, der Geschmacksrichtungen des Einzelnen. Eine bauliche Zierde Berlins und eine besondere Annehmlichkeit für die Nächstwohnenden ist die alte Stadtbahn auch nicht, trotzdem wird heute niemand ihre Unentbehrlichkeit leugnen; eine Zierde sind weder die Telefonleitungen oberhalb der Straßen noch die Drähte der Straßenbahnen, missen möchte aber niemand Fernsprecher oder Tramway … Kurz und gut, die Notwendigkeit blieb … Siegerin.«

»Földalatti«-Untergrundbahn in Budapest, 1895

Der Sieg der Notwendigkeit offenbarte sich spätestens am 22. Mai 1893 mit der kaiserlichen »Kabinettsordre« zur Genehmigung des Projektes der Stammlinie. Da Werner von Siemens bereits ab 1880 Pläne zu deren Bau eingereicht hatte und die fertigen Pläne aus den Ingenieurbüros von Siemens & Halske ab 1891 bereitlagen, war dieser Erfolg nicht unbedingt als »glänzend« zu bezeichnen. Die Siemens'schen Pläne fanden andernorts mehr Interesse, und so kam es, dass sich Budapest schon 1896 – als erste Stadt auf dem europäischen Kontinent – mit einer Untergrundbahn schmücken konnte. Die Gesamtleitung beim dortigen Bau hatte der Regierungsbaumeister Heinrich Schwieger (1846–1911), der auch die Berliner Pläne maßgeblich vorbereitet hatte.

Für das Projekt in der deutschen Hauptstadt interessierte sich auch die Deutsche Bank, geführt von Georg von Siemens, einem Vetter Werner von Siemens. Sie bildete mit der Firma Siemens & Halske und anderen die »Gesellschaft für elektrische Hoch- und Untergrundbahnen in Berlin«, kurz die »Hochbahngesellschaft«. Den Vorstandsvorsitz der Gesellschaft übernahm der Architekt und Regierungsbaumeister Paul Wittig (1853–1943), der es sich nicht nehmen ließ, die Bauten

Führungsriege der Hochbahngesellschaft sowie der Firma Siemens, 1901. Darunter befinden sich die folgenden Herren: Gustav Kemmann (4. von links), Wilhelm von Siemens (ganz rechts), Heinrich Schwieger (10. von rechts, mit Spitzbart und hellem Binder)

aktiv mit zu gestalten. Der Aufsichtrat der Hochbahngesellschaft, der sehr rege in die Einzelheiten der Bauausführung eingriff, war zusammengesetzt aus den Vertretern der Gründungsunternehmen sowie anderen Fachleuten und stand unter Leitung des Staatsministers a.D. Excellenz Arthur Hobrecht (1824–1912). Hobrecht, von 1872 bis 1878 Oberbürgermeister von Berlin, war der Bruder des heute bekannteren James Hobrecht, der sich unter anderem mit Plänen zur Stadtentwicklung und Entwässerung einen Namen gemacht hatte und immer als aktiver Gegner einer Berliner Hoch- und Untergrundbahn in Berlin aufgetreten war. Arthur setzte in seiner Zeit als Oberbürgermeister viele Pläne seines Bruders um. Im Aufsichtsrat der Hochbahngesellschaft saßen u.a. auch Wilhelm von Siemens (1855–1919) und der mittlerweile zum Direktor und Vorstandsmitglied bei Siemens avancierte Heinrich Schwieger. Nicht zu vergessen ist in diesem Zusammenhang auch der Mann, der als Verkehrs- und Bauexperte von der Deutschen Bank in das Gremium entsandt wurde und im Berliner Verkehrswesen für drei Jahrzehnte eine wichtige Rolle spielen sollte: Gustav Kemmann (1858–1931). Er erstellte für die Hochbahngesellschaft 1897 eine Expertise über die Rentabilität der zukünftigen Bahn, die sich in den Folgejahren als unglaublich exakt herausstellen sollte.

Die Nennung wichtiger leitender Akteure soll nicht darüber hinweg täuschen, dass die Bahn nicht von ihnen, sondern von Tausenden von Bauarbeitern errichtet worden ist. Ihnen erweisen die Bilder dieses Bandes ebenfalls Referenz.

Das Ergebnis aller Bemühungen schildert ein zeitgenössischer Beobachter in einem Zeitungsbericht vom 27. Februar 1902 sehr anschaulich:

Eine Fahrt auf der Berliner Hochbahn

»Es war am Sonntag um die Mittagsstunde. Die elektrischen Straßenbahnen, die vom Westen kamen, von Schöneberg oder Charlottenburg, waren dicht besetzt; aber am Potsdamer Platz wurden sie leer, obwohl ihre Fahrt noch nicht beendet war. Alles wandte sich nach rechts dem Platze zu, und an dem Eingang der Hochbahn, den man erst suchen muß, weil er ziemlich versteckt liegt, sammelte sich die Menge. Etwa 20 Stufen führen hinunter in den Tunnel, denn die Hochbahn beginnt hier als Untergrundbahn, wenn auch nur für eine kurze Strecke. Von der Eröffnung her hängen noch die Girlanden an den Wänden. Nur zwei Schalter besorgen den Billetverkauf. Man hat also das Vergnügen, was dem Berliner wirklich ein Vergnügen ist, mindestens 20 Minuten Rippenstöße zu vertheilen, ehe man sich bis zum Schalter durchgedrängelt hat. Die Billets sehen aus wie die der Stadtbahn, sie sind aus festem Pappkarton und kosten auch noch einen respektablen Preis. Das empfindet der Berliner, der für zehn Pfennige mit der Straßenbahn die ganze Stadt durchquert, der den Groschen Werth hält, wie kein anderes Geldstück, als eine saure und kühne Probe seines Lokalenthusiasmus. Es haben Viele schiefe Gesichter gemacht wegen der 25 Pfennige, die eine Fahrt auf der verhältnismäßig kurzen Strecke bis zum Stralauer Thor kostet. ›Zurücktreten!‹, ein Zug kommt eben heran; drei mächtige Wagen gleiten an uns vorüber. Als sie stehenbleiben, stürzt Alles auf sie zu, und in wenigen Sekunden ist auf dem Perron von den vielen, drängenden Menschen keiner mehr zu sehen; die drei Wagen haben sie alle in sich aufgenommen. Und doch herrscht keine Enge in den Wagen. Denn die Gänge zwischen den beiden Sitzreihen sind breit und bequem, und auch auf den beiden Perrons vorn und hinten sind noch Sitzplätze angebracht und ist noch Raum für Sitzplätze. Der Schaffner schiebt die Glastür zu, und der Zug setzt sich in Bewegung. Wie die Wagen vornehm und solide aussehen! Der ganze Wagen ist überdeckt und an den Seiten durch große Spiegelscheiben geschlossen. Bequeme Polstersitze gehen an den beiden Seitenwänden entlang, und immer je zwei Sitze sind getrennt durch einen Stab. Das ist eine aparte und probate Erfindung, denn sie verhindert, dass unter den ausgiebigen Körperdimensionen einzelner Passagiere Alle leiden, und sie schränkt auch die Gewohnheit mancher Fahrgäste ein, sich möglichst breit zu machen. In der Straßenbahn kann das ein Jeder jeden Tag erleben. Dagegen sitzt es sich famos in diesen, vor Wind und Wetter geschützten Wagen der Hochbahn. Es fährt sich glatt und leicht, es gibt keine Rucke und Stöße; und das Geräusch ist nicht so stark als das Rasseln der Straßenbahnwagen, obwohl man annehmen sollte, daß diese, über einen brückenähnlichen Eisenbau dahinrollenden Züge wegen des günstigen Resonanzbodens ein lärmenderes Gepolter machen würden. Der Tunnel am Potsdamer Bahnhof ist nicht allzu lang; dann ging es langsam in die Höhe, immer höher, hoch über die Köpfe und Straßen hinweg. Da unten wand sich in langsamer Fahrt die Elektrische durch die Straßen. An jeder Straßenecke klingelte bei ihr der Schaffner das Haltesignal und an jedem Kreuzungspunkte stockerte sich der Wagenführer die Weiche zurecht, oder die Leitungsstange war aus dem Draht herausgesprungen. Ohne Hinderniß fuhren wir dagegen unseren Weg; wo eine Straße sich mißliebig in den Weg gestellt hatte, war sie durchbrochen worden und in hohem Bogen setzten wir hurtig über das Gelände der Anhalter Bahn hinweg. Die erste Haltestelle ist

der Bahnhof ›Möckernstraße‹. Nur wenige Sekunden dauerten die Aufenthalte. Die Fahrt geht zu schnell, um den Leuten in die Fenster sehen zu können. Von der Stadtbahn aus kann man indiskreter sein; denn die Stadtbahn fährt an den Hinterfronten der Häuser vorbei, und die Hinterfronten verrathen mehr als die geputzten Stuben der Vorderfronten. Es bieten sich prächtige Bilder: wie das alles auf den Straßen und Plätzen wimmelt und lebt. Nur wenige Sekunden währt das einzelne Bild, dann ist ein anderes an seine Stelle gerückt: Ein behend springendes Mutoskop. Von der Oberbaumbrücke am Stralauer Thor eröffnet sich der Blick weit, weit über die Spree. Erschreckt stehen die Leute unten auf der Straße still und sehen dem dahinlaufenden Zuge nach. Wir fahren stolz über ihre Köpfe hinweg, und wenn wir am Ziele, am Stralauer Thor, die Treppe nach der Straße heruntersteigen, fühlen wir uns in dieser entfernten Gegend des Ostens fasst einsam; und wiederum, wenn wir die Uhr zur Hand nehmen, gewahren wir stutzend, dass sich der Zeiger zwischen dem Potsdamer Platz und diesem entlegenen Punkte auf der östlichen Peripherie Berlins nur wenig vorwärts gedreht hat. Die Hochbahn hat uns gelehrt, dass es in Berlin keine Entfernung mehr gibt, wenn sie die Hegemonie über den Berliner Verkehr führt.«

Bevor nun die Photographien die Entstehung und vor allem die Bautechnik der Berliner Bahn illustrieren, noch einige klärende Worte zum Verlauf der Strecke: Der Begriff »Stammstrecke« umfasst streng genommen die Linien zwischen den Bahnhöfen Warschauer Brücke, Potsdamer Platz und Zoologischer Garten. Wir haben den Abschnitt bis zum Bahnhof Knie, heute Ernst-Reuter-Platz, einbezogen, weil er zum einen noch im Jahre 1902 eröffnet und zum anderen beim damaligen Genehmigungsverfahren aus Zeitmangel offiziell als Verlängerung der Stammlinie behandelt worden ist. Bei der Erläuterung der Bilder erwies sich die Erklärung schein bar einfacher Sachverhalte manchmal komplizierter als ursprünglich vermutet. Dies gilt beispielsweise für eine kleine historische Unklarheit bezüglich der Hausdurchfahrung am Dennewitzplatz. Ihren Ursprung hat sie bereits in zeitgenössischen Angaben. Oft wurde bei der Lokalisierung des auf unzähligen Postkarten abgebildeten »durchfahrenen Hauses« die Adresse Dennewitzstraße 21 oder 22 genannt. Dies ist falsch. Das Haus hatte 1903 die Anschrift Bülowstraße 70. Daneben begann die Dennewitzstraße auf dieser Straßenseite mit dem Haus Nr. 22. Die Trasse der Hochbahn führte über die Grundstücke beider Häuser, die deshalb auch beide von der Hochbahn erworben wurden. Wenn ältere Berliner darauf bestehen, dass das durchbrochene Haus in der Bülowstraße die Nummer 69 getragen habe, so sind auch sie in gewisser Weise im Recht: Vor 1930 hat es eine Änderung der Hausnummern gegeben, die die ursprüngliche Nr. 70 zur Nr. 69 werden ließ.

WARSCHAUER BRÜCKE

(heute Warschauer Straße)

Das Bahnhofsgebäude unterschied sich von allen anderen Bahnhöfen der Strecke durch seine quer liegende Eingangshalle und den vorgelagerten halbrunden Eingang. Östlich des Einganges errichtete der Architekt Paul Wittig ein backsteinernes Treppenhaus, über das der wesentlich tiefer gelegene Warschauer Platz und das sich anschließende Areal zu erreichen waren. Dieses Gelände hatte noch um 1890 die Teiche und Maschinenanlagen der Städtischen Wasserwerke beherbergt und war gerade erst durch Straßen erschlossen worden. Die dem Bahnhof westlich gegenüberliegende Seite der Warschauer Straße wurde erst nach 1900 bebaut.

Ursprünglich hatte die Hochbahngesellschaft geplant, die Hochbahnlinie nach Norden bis zum »Städtischen Central- und Schlachtviehhof« fortzuführen. Sie bezeichnete den Bahnhof Warschauer Brücke deshalb zu Anfang immer als »vorläufige Endstation«. Zur Verknüpfung der Stammlinie mit dem Stadtbahnhof Warschauer Straße sahen die ursprünglichen Pläne einen Kreuzungsbahnhof vor. Diese Umstände erklären auch die relativ geringe Entfernung zwischen den Bahnhöfen Stralauer Thor und Warschauer Brücke. Da Provisorien bekanntlich langlebig sind, müssen bis heute täglich Zehntausende von Fahrgästen zum Umstieg zwischen S- und U-Bahn einen längeren Fußweg in Kauf nehmen. Vom Bahnhof Warschauer Brücke Richtung Norden fuhr ab 1901, also bereits vor Betriebsaufnahme der

Bahnhof Warschauer Brücke und Treppenhaus von Paul Wittig, 1907

Hochbahn, ersatzweise eine Straßenbahnlinie der Hochbahngesellschaft mit dem Namen »Flachbahn«. Deren Wagenhalle stand östlich neben den Bahnsteigen des Bahnhofs.

Neben den Gleisen der Hochbahn in Richtung Stralauer Thor errichtete man die Wartungshalle für die Fahrzeuge. Sie wurde schon 1907 durch eine größere Anlage ergänzt. Im Zuge dieser Bauarbeiten wurde die Remise der Flachbahn wieder entfernt.

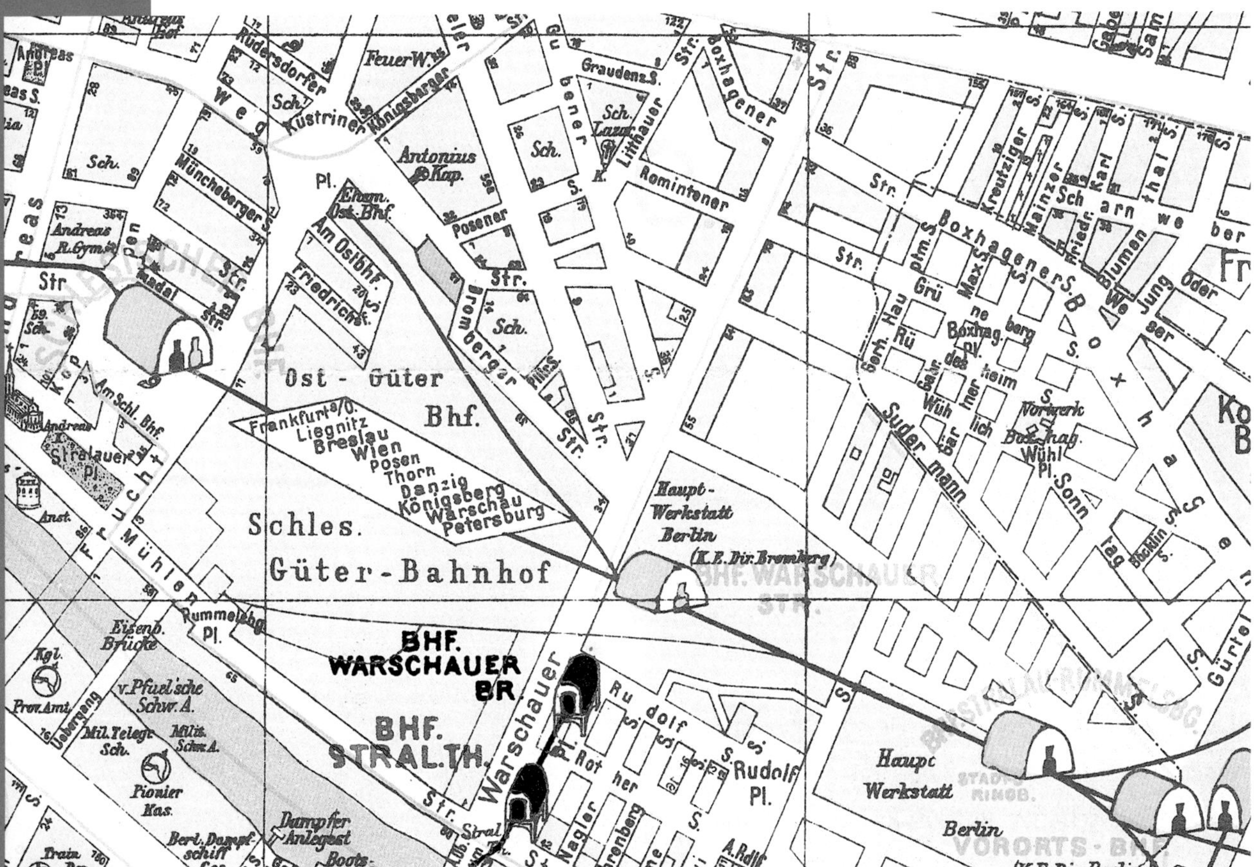

Bf. Warschauer Brücke **1901**

Auf dem fast fertigen Viadukt stehen links die Wagenhalle der Flachbahn sowie zwei Triebwagen im Probebetrieb für die bevorstehende Linieneröffnung.

Im Vordergrund findet die Baustellenbelieferung, wie damals üblich, mit Pferdefuhrwerken statt. Hinter dem Bahnhof liegt in Blickrichtung Westen die noch unbebaute Warschauer Straße.

Bf. Warschauer Brücke **1901**

An der Remise der Flachbahn entlang geht der Blick nach Norden in die Bahnsteighalle. Da der Bahnhof als Provisorium gedacht war, ist auf eine komplette Überdachung verzichtet worden.

Das Stellwerkhäuschen vor dem linken Bahnsteig wurde sechs Jahre später durch ein aufgeständertes ersetzt, um das Gelände besser überblicken zu können.

Warschauer Brücke nach Süden **1907**

Links von den Gleisen befindet sich die Wagenhalle von 1901, in der die ersten, aus Hamburg gelieferten Wagen elektrisch ausgerüstet worden sind. Das alte Stellwerkhäuschen ist hier schon ersetzt.

In der Warschauer Straße befindet sich das »Welt Biograph Theater«, eines der vielen seit 1899 in Berlin entstandenen Kinos.

Aufstellgleis am Bf. Warschauer Brücke **1910**

Der Zug steht zwischen dem Bahnhofsgebäude (links) und der 1907 neu erbauten großen Wagenhalle. Die Remise der Flachbahn ist bereits abgetragen worden.

Anfangs haben die Züge der Hochbahn meist drei Wagen geführt. Das hohe Fahrgastaufkommen erforderte aber schon bald größere Zug-Längen.

STRALAUER THOR

(nicht mehr vorhanden)

Die Station Stralauer Thor, 1901

Der Bahnhof am Ort des ehemaligen Stralauer Stadttores schloss unmittelbar an die bis 1896 neu errichtete Oberbaumbrücke an. In seiner Nähe befanden sich um das Jahr 1900 weder Wohnviertel noch größere Gewerbegebiete. Nur eine Straßenbahnlinie, die vom Schlesischen Bahnhof zur Stralauer Halbinsel führte, leistete Zubringerdienste.

Die Bahnsteighalle entsprach der Standardform des Konstruktionsbüros der Firma Siemens & Halske aus dem Jahre 1891. Sie war ohne Beteiligung von Architekten durch die Ingenieure Heinrich Schwieger und Emil Dominik entwickelt worden. Die moderne Konstruktion aus Eisen und Glas stand im Gegensatz zu der von Otto Stahn entworfenen Backsteinarchitektur der Oberbaumbrücke, deren Formensprache sich auf mittelalterliche märkisch-brandenburgische Elemente berief. Lediglich die steinernen Pfeiler, auf denen der Bahnhof ruhte, bildeten eine gestalterische Anlehnung an die Brücke. Das Bild des Bahnhofs wurde stark geprägt durch die seitlichen Bahnsteigzugänge über eigenständige Treppenhäuser.

Die Station Stralauer Thor, 1924 umbenannt in »Osthafen«, wurde im Zweiten Weltkrieg völlig zerstört und danach nicht wieder aufgebaut. Zwischen 1945 und dem Mauerbau im August 1961 fuhr die Hochbahn bis zur Warschauer Brücke, danach war bereits am Schlesischen Tor Endstation. Bis die Oberbaumbrücke 1995 restauriert und wieder für den Verkehr bis zur ursprünglichen Endstation freigegeben wurde, ist der Viadukt zwischen dem Schlesischen Tor und der Oberbaumbrücke 34 Jahre lang nicht befahren worden. So blieb dieser Teil verschont von der Erneuerung der Viadukte in den 1990er Jahren, bei der alle noch originalen Bestandteile bis zum Schlesischen Tor beseitigt wurden. Er ist als einziger weitgehend im Originalzustand von 1902 erhalten geblieben und vermittelt heute einen Eindruck von der ursprünglichen Leichtigkeit und Transparenz der Eisenkonstruktion.

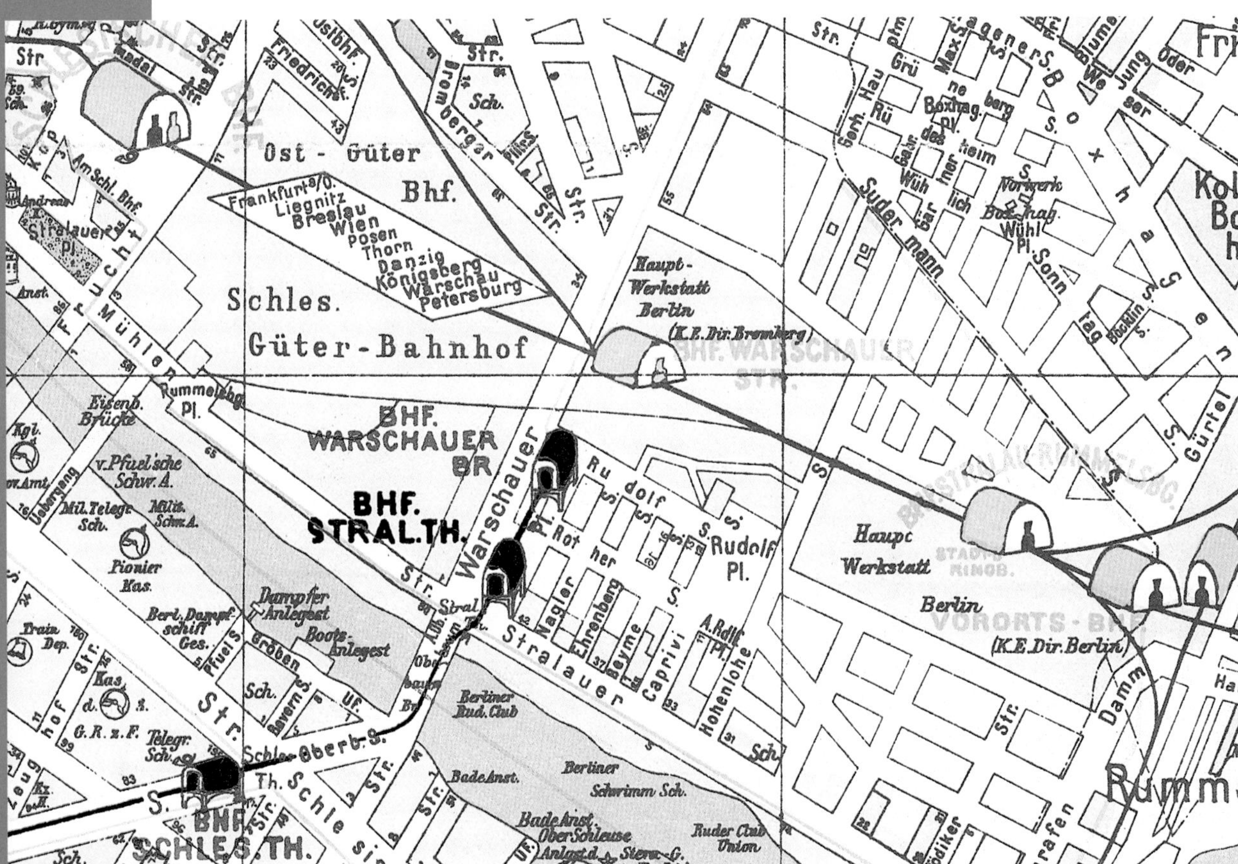

Bf. Stralauer Thor **1901**

In Verlängerung der Oberbaumbrücke werden die hellen Sandsteinpfeiler und die beiden Torhäuschen des Bahnhofs errichtet. Auf der rechten Seite lagert Baumaterial.
Der Bau des Bahnhofs Warschauer Brücke im Hintergrund hat noch nicht begonnen.

Oberbaumbrücke und Bf. Stralauer Thor **1901**

Der Hochbahnviadukt auf der Brücke besteht aus einer tragenden Stahlkonstruktion, die mit Backsteinmauerwerk verkleidet ist. Auf der belebten Brücke dominiert beim Lastverkehr wie überall in Berlin um 1900 noch das Pferdefuhrwerk.

Oberbaumbrücke und Bf. Stralauer Thor **1901**

Die beiden prägenden Türme der Brücke sind dem Mitteltorturm von Prenzlau nachempfunden.

Von 1992 bis 1995 wird die Brücke restauriert werden. Das heutige Mittelteil zwischen den Türmen ist von dem spanischen Architekten Santiago Calatrava entworfen worden und bietet ausreichende Durchfahrtshöhe für die Spreeschifffahrt.

Bf. Stralauer Thor nach Südosten **1902**

Ursprünglich war der Gang zwischen Treppenhaus und Bahnsteig ohne »Überdeckung« geplant. Dies ist einem Aufsichtsratsbeschluss aus dem August 1899 zu verdanken.
Etwa 150 Meter hinter dem Bahnhof befinden sich am nördlichen Spreeufer der »Berliner Ruderclub« und nebenan die »Berliner Schwimm Schule«.

Station Stralauer Thor **1901**

Der stilistische Gegensatz zwischen der wuchtigen Backsteinarchitektur des Viadukts und der filigraneren Bahnhofshalle fällt aus dieser Perspektive besonders ins Auge.
Getränke-Einkauf mit offenen Kannen ist noch üblich.

Bf. Stralauer Thor **1908**

An den Richtungsangaben am Treppengebäude sind die bis 1908 erfolgten Erweiterungen des U-Bahn-Netzes erkennbar. Das Mädchen am linken Bildrand springt über einen Haufen Pferdemist; ein damals allgegenwärtiges Problem auf den Straßen.

SCHLESISCHES THOR

(heute Schlesisches Tor)

Der Name des Bahnhofs erinnerte an das alte Berliner Stadttor, das nach Südosten in Richtung Köpenick und Schlesien wies. Zum Zeitpunkt ihrer Errichtung lag die Haltestelle bereits inmitten dichter städtischer Bebauung, die durch Gewerbeansiedlungen entlang der Spree und Mietskasernen geprägt war.

Das Schlesische Thor war auch ein Ausgangspunkt für Ausflügler, die mit Dampfschiffen von der nahe gelegenen Anlegestelle, mit Pferdewagen oder Straßenbahn weiterfuhren. In der Nähe befanden sich ebenfalls einige der damals noch zahlreichen Spree-Badeanstalten sowie der Treptower Park, der als Naherholungsgebiet bereits von der Stadt Berlin gekauft worden war und in dem 1896 die Gewerbeausstellung stattgefunden hatte. Obwohl diese Ausstellung nicht den Rang einer National- oder gar Weltausstellung hatte, besuchten sie ein halbes Jahr lang durchschnittlich 41 000 Menschen pro Tag. Diese Zahl vermittelt einen Eindruck von dem bereits damals immensen Verkehrsaufkommen in der deutschen Metropole.

Auf dem Ostteil der Hochbahnstrecke erhielten allein die Bahnhöfe Schlesisches und Hallesches Thor eine besondere architektonische Gestaltung. Die Architekten Hans Grisebach und August Georg Dinklage verwendeten beim Schlesischen Thor eine historisierende, dem Zeitgeschmack entsprechende Formensprache aus unterschiedlichen Baustilen – mit Arkaden und Türmchen,

Bahnhof Schlesisches Thor in Richtung Oranienstraße, 1902

Säulen und Vorsprüngen. Die unregelmäßige Gliederung des Gebäudegrundrisses ergab sich aus der diagonal über den Platz verlaufenden Strecke. Konservative und vertraute Bauelemente ergänzten hier die umstrittene moderne Ingenieurskonstruktion der Hochbahn. So wurden zum Beispiel in der Zugangshalle zu den Bahnsteigen die Eisenträger der Deckenkonstruktion braun gestrichen und ihre Nieten vergoldet, um den Eindruck einer Holzdecke zu erzeugen.
Das Gebäude ist 1985 nach Originalplänen restauriert worden.

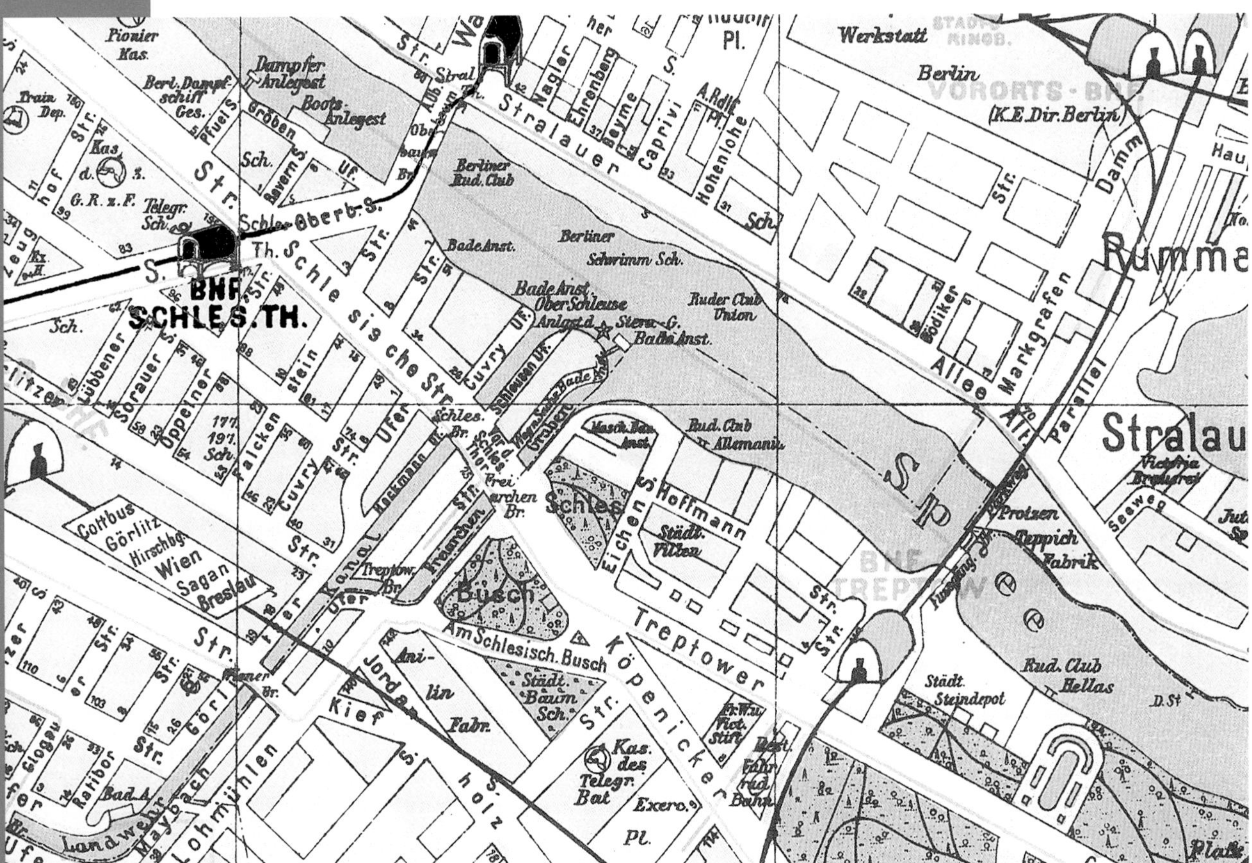

Oberbaumstr. in Richtung Oberbaumbrücke 1902
Zwischen Oberbaumbrücke und Schlesischem Thor ist der Viadukt durch die AG Lauchhammer errichtet worden. Er ist im Original bis heute erhalten.
Unter dem Dokumentationsfoto der Firma ist vermerkt: »Gewicht 200 000 kg; Ausgeführt 1899/1900«.

Bf. Schlesisches Thor in Richtung Oranienstr. 1902

In dem zwei- bis dreigeschossigen Bahnhofsgebäude befinden sich Geschäfte und eine Gaststätte.

Unter den Bahnsteigen in der Bildmitte ist der Eingang zur Hochbahn ein wenig versteckt angeordnet.

Bf. Schlesisches Thor **1901**

Die Wetterfahne über dem Zwiebelturm ist erst während der Restaurierung der Oberbaumbrücke in den 1990er Jahren auf dem Spreegrund wieder gefunden worden. Zum Jubiläumsjahr 2002 wurde sie restauriert und an den angestammten Platz gesetzt.
Die Handhaltung der männlichen Passanten unterliegt scheinbar einer strengen Normierung.

Bf. Schlesisches Thor **1901**

Die ungewöhnlich starke Krümmung der Bahnsteige ist gut zu erkennen.

Die Flagge in der Gebäudelücke links vom Bahnhof kennzeichnet eine Bootsanlegestelle für Privatschiffe. Daneben befindet sich auch die Anlegestelle der Ausflugsdampfer.

ORANIENSTRASSE

(heute Görlitzer Bahnhof)

Der Bahnhof Oranienstraße ermöglichte das Umsteigen zwischen der Hochbahn und dem Zugverkehr des Görlitzer Fernbahnhofes am Spreewaldplatz, der auch einen Teil des Vorortverkehrs in Richtung Südosten abwickelte. Für die Hochbahnstation waren anfangs mehrere Namen in der Diskussion, wobei zunächst die hier querende Oranienstraße zum Zuge kam. Ab 1926 hieß die Station »Görlitzer Bahnhof (Oranienstraße)«; sie trug diese Bezeichnung bis 1982, als der Zusatz gestrichen wurde. Seitdem ist sie ausschließlich nach dem Fernbahnhof benannt, der bereits 1972 abgerissen wurde.

Bahnhof Oranienstraße (heute Görlitzer Bahnhof), 1901

Beide Bahnhöfe befanden sich 1902 inmitten einer sehr dicht bebauten Umgebung mit stark wachsender Bevölkerungszahl. Die Bevölkerungsdichte betrug etwa 43 000 Personen pro Quadratkilometer und war damit dreimal so hoch wie heute.

Gestalterisch verkörperten die Bahnhöfe Oranienstraße, Kottbusser Thor und Möckernbrücke am deutlichsten von allen Hochbahnstationen die Standardform. Als Ingenieursbauten mit Eisen als dominierendem Baumaterial und klaren, schnörkellosen Formen entsprachen sie dem neuzeitlichen Zweck. Lediglich die arkadische Gliederung der langen Seitenfassaden und einige Schmuckelemente wie die Türmchen auf den Treppenabgängen dienten der Zierde. Die Treppen mündeten unter dem Fahrweg der Bahn auf den Mittelstreifen der

Straße, wo sich auch die Fahrkartenhäuschen befanden. Heute ist der Görlitzer Bahnhof der einzige, der noch weitgehend den Siemens'schen Entwürfen des Standardtyps von 1891 entspricht.

Von 1851 bis 1871 fuhr entlang der alten (1868 abgerissenen) Zollmauer eine Eisenbahn zur Verbindung aller Berliner Kopfbahnhöfe. Um 1900 war davon lediglich die Strecke zwischen den Gasanstalten an der Prinzenstraße und dem Schlesischen Bahnhof übrig geblieben. Direkt im östlichen Anschluss an den Bahnhof Oranienstraße unterquerte das Eisenbahngleis die Hochbahn und führte über den Lausitzer Platz in die heute noch so genannte Eisenbahnstraße und zum Schlesischen Bahnhof jenseits der Spree.

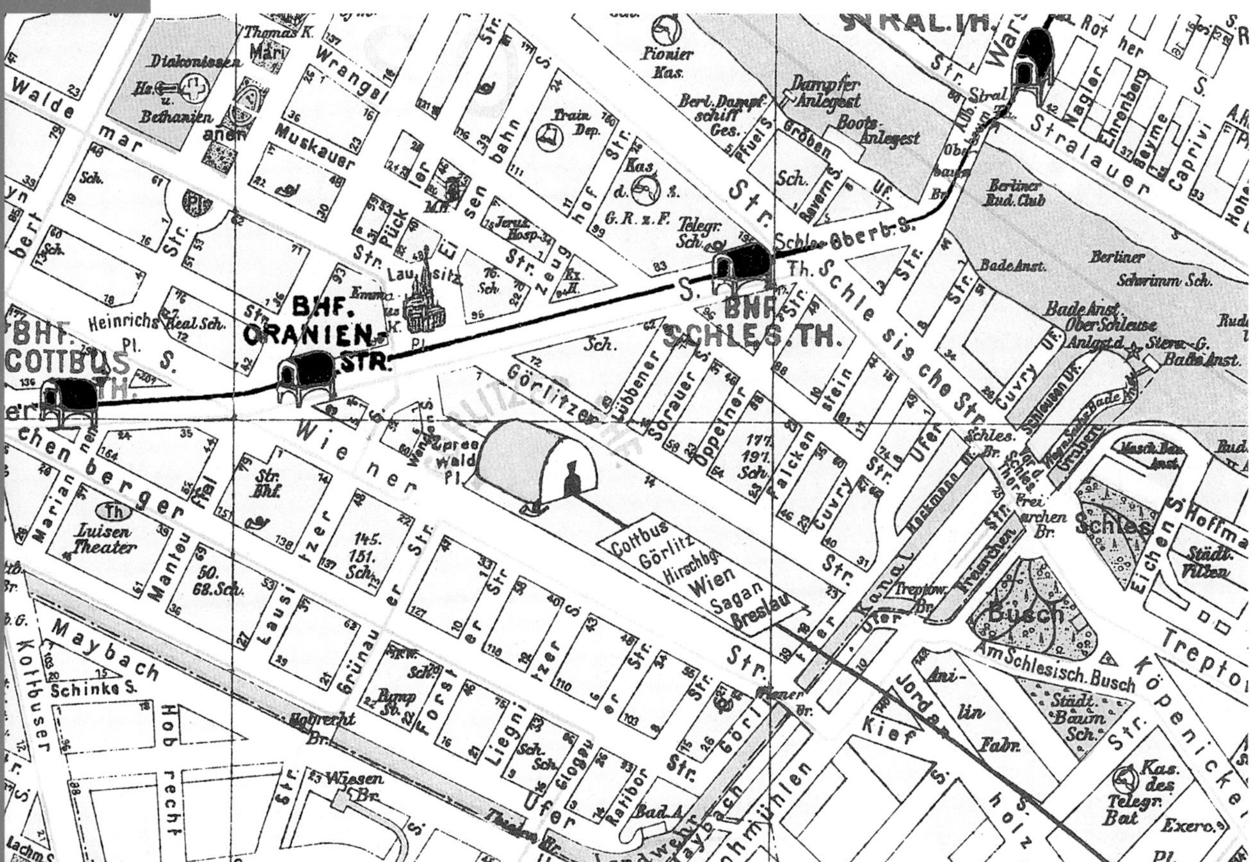

Backware
Käse

Bf. Oranienstraße 1901

Die Grundkonstruktion ist in diesem Baustadium gut zu durchschauen. Der Normaltyp der Hochbahnhöfe geht auf Entwürfe der beiden Ingenieure Heinrich Schwieger und Emil Dominik aus dem Jahre 1891 zurück. Er wird heute nur noch vom Görlitzer Bahnhof repräsentiert.

Brücken westlich des Bfs. Oranienstraße 1901

Der Portalkran läuft auf »fliegenden Gleisen«, die nach Bedarf leicht verlegt werden können.

Die Stromleitungen der Straßenbahnen sind gefährlich nahe. Deshalb können viele Bauarbeiten erst in der Nacht, nach Betriebsschluss der »Elektrischen«, ausgeführt werden.

Brücken am Bf. Oranienstraße **1901**

Auf der linken Seite steht eines der »PP Häuschen«, wie das »Café Achteck« in der Amtssprache heißt.
Handkarren, wie der am rechten Bildrand, sind häufig benutzte Transportmittel.

Von Oranienstr. bis Kottbusser Thor **1902**

Bis Anfang 1902 haben sich die Menschen an den Anblick des Viadukts gewöhnen können. Nun kommt mit der Aufnahme des Betriebes die Geräuschkulisse hinzu.
Der Zug hat die übliche Wagenkombination: in der Mitte die rot lackierte Polsterklasse und an den Enden die Holzklasse in Gelb.

KOTTBUSSER THOR

(heute Kottbusser Tor)

Auch in dem Bereich südlich des »Platzes am Cottbuser Thor« wuchs die städtische Bebauung um 1900 mit großer Dynamik und verschmolz bereits mit Rixdorf, das 1899 Stadtrechte bekommen hatte und 1912 in »Neukölln« umbenannt wurde.

Der Bahnhof Kottbusser Thor befand sich ursprünglich am östlichen Rand des Platzes, innerhalb der Skalitzer Straße, und seine Gestaltung entsprach im Wesentlichen dem Bahnhof an der Oranienstraße. Im Zusammenhang mit dem Bau der heutigen Linie U8 wurde das Bauwerk 1929 abgerissen. Ein neuer Umsteigebahnhof entstand bei fortlaufendem Untergrundbetrieb unmittelbar über der Platzmitte.

Kottbusser Thor in Richtung Oranienstraße, 1902

Der Name der Station birgt bis heute eine besondere Kuriosität: Die Stadt Cottbus war Namensgeberin des Platzes und des ehemals dort befindlichen Stadttores. Reformen der Rechtschreibung zielten seit den 1870er Jahren auf eine generelle Ersetzung des Buchstabens »C« durch »K« oder »Z«. Dies führte zu jener Zeit zu einer uneinheitlichen Schreibweise des Namens. In allen offiziellen Schriften entschied sich die Hochbahngesellschaft für die reformerische Version und schrieb damals – und schreibt bis heute – den Namen mit »K« und zwei »s«. Erstaunlicherweise ist auf den Abbildungen von 1902 zu erkennen, dass die Beschriftung des Bahnhofs ihn ursprünglich als »Cottbuser Thor« auswies. Üblich war damals auch, so wie bis heute in

Cottbus, die Schreibweise mit *einem* »s«. Kurz nach seiner Eröffnung erhielt der Bahnhof mit »Kottbusser Tor« seinen endgültigen Namen, der gleich zwei »Fehler« beinhaltet, deren Korrektur man den Cottbusern bis heute vorenthält.

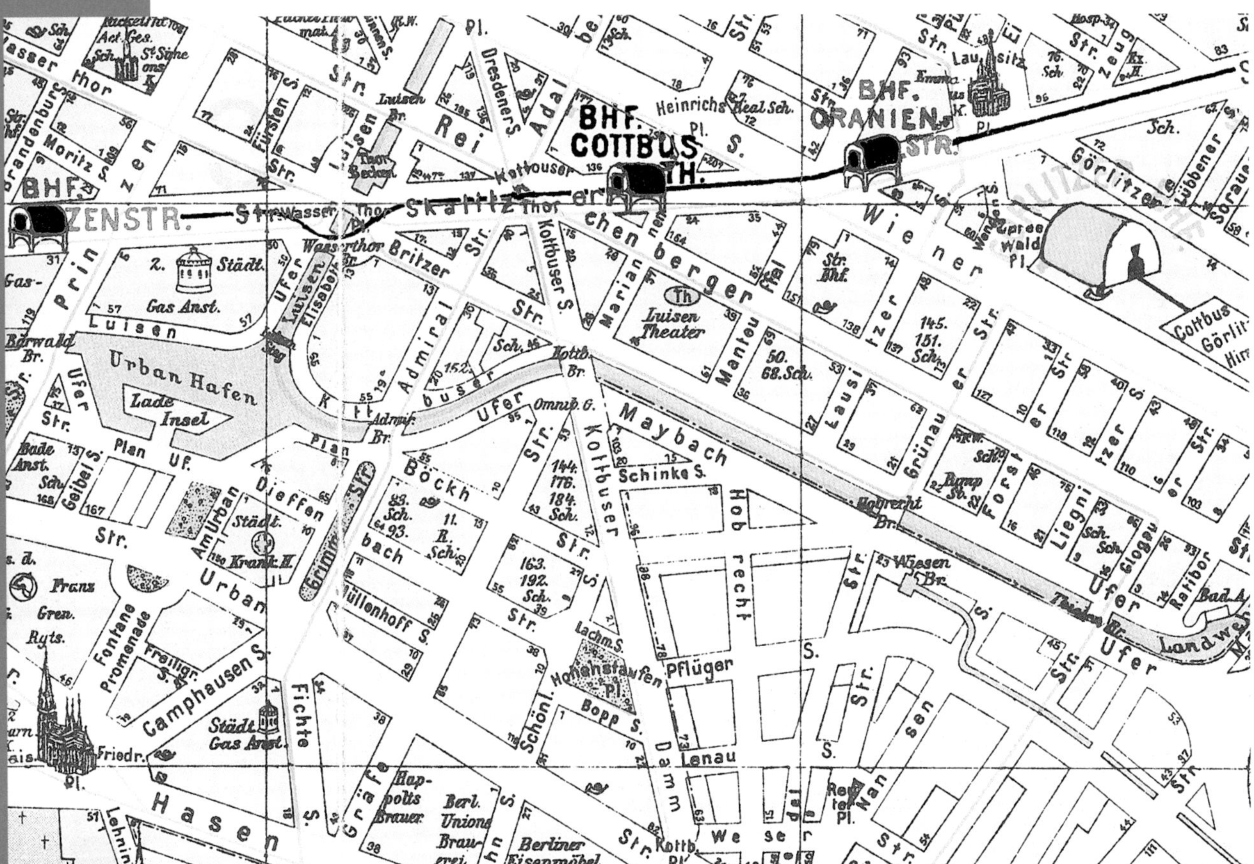

Wasserthorplatz nach Osten **1901**

Im Oktober werden zwischen den Gleisen vom Kottbusser Thor her die Stromschienen montiert.

Auf der Straße begegnen sich zwei Straßenbahntriebwagen der von Siemens & Halske betriebenen Linie zwischen Behrenstraße und Treptow.

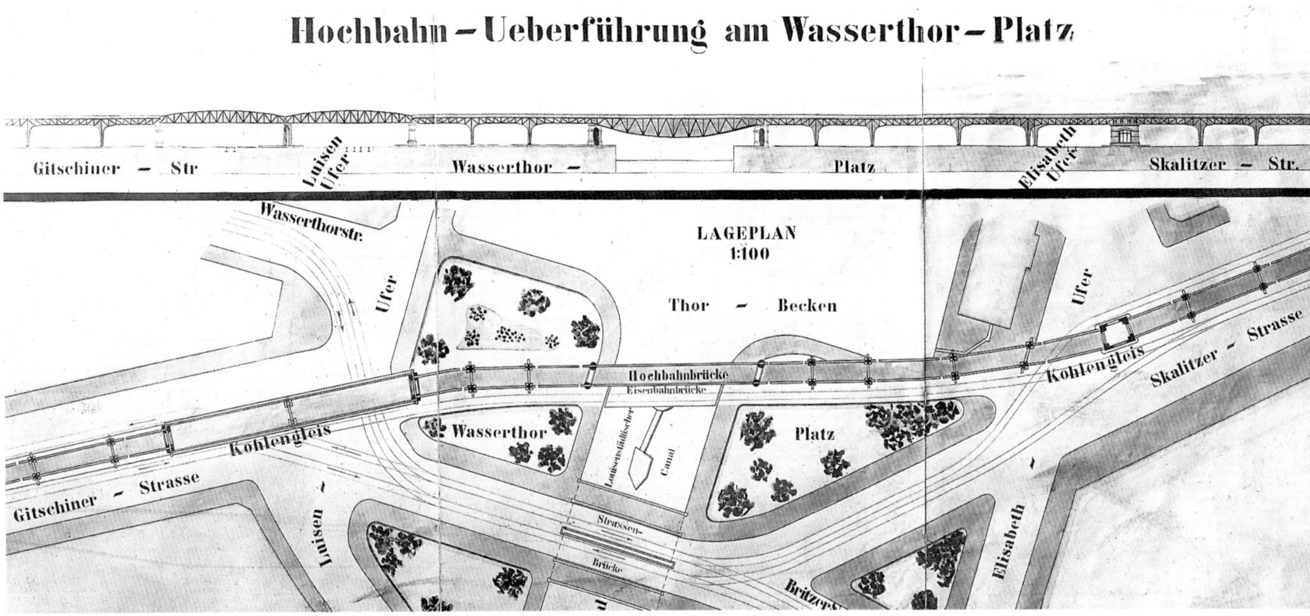

Zeitgenössisches Foto einer Lagezeichnung **1900**

Seit 1852 verbindet der Luisenstädtische Kanal den Urbanhafen mit der Spree. Der Platz ist nach dem Tor benannt, an dem der Kanal einst durch die 1868 abgerissene Zollmauer führte.
Für die Schifffahrt wurde er bald zu schmal und schon 1926 zugeschüttet.

Viadukt über dem Platz am Kottbusser Thor **1901**

Mit Hilfe von Flaschenzügen an den Kränen werden die Fachwerkträger auf die Stützrahmen gehoben.

Unter dem Viadukt warten die Pferde, die das Hebezeug bei schweren Bauelementen bedienen.

Gitschiner Str. in Richtung Prinzenstr. **1901**

Die Viadukte zwischen Sedanufer und Oberbaumbrücke waren bereits Ende 1899 fertig gestellt. Für die Fertigstellung der Bahnhöfe und deren Anschlüsse brauchte man etwas länger.

Entlang der Strecke stehen viele junge Bäume, und an den Häusern sind häufig Sonnenschutz-Jalousien zu finden.

PRINZENSTRASSE

Der Bahnhof Prinzenstraße befand sich in der Gitschiner Straße. Seinen Namen hatte er von der Querstraße, die seit 1849 nach dem Prinzen von Preußen, dem späteren König Wilhelm I., benannt war. Die Bahnhofshalle an der Prinzenstraße entsprach weitgehend der Standardform. Da der Mittelstreifen schmaler war als in der Skalitzer Straße, ragten die Bahnsteige hier weiter über die Straßenfahrbahnen hinaus. Aus dem gleichen Grunde konnten die Bahnsteigzugänge nicht unter dem Bahnhof zusammengeführt werden, sodass Brückenzugänge von den gegenüberliegenden Straßenseiten notwendig wurden. Auf der nördlichen Seite integrierte man den Treppenaufgang in ein bestehendes Wohnhaus, und südlich entstand ein von Paul Wittig entworfenes Treppengebäude.

Bahnhof Prinzenstraße, 1901

Direkt südlich des Bahnhofs befand sich ab 1826 die Gasanstalt der Londoner Firma »Imperial Continental Gas Association«, die bei der Gasversorgung Berlins Pionierstatus hatte. Um die Jahrhundertwende waren die meisten Straßen Berlins und fast alle Höfe und Hausflure mit Gaslampen bestückt. Ab der Mitte des 19. Jahrhunderts gewannen auch die Städtischen Gaswerke zur Befriedigung des wachsenden Bedarfs an Bedeutung. Südöstlich des Hochbahnhofs lag ab 1847 auf ausgedehntem Areal eines der Städtischen Gaswerke. Es erhielt 1876 in der nahe gelegenen Fichtestraße einen zusätzlichen Großspeicher. Beide Werke wurden anfangs über den Wasserweg mit aus England importierter Kohle versorgt, was auch ihre Lage am Schafsgraben bzw. dem späteren Landwehrkanal erklärt. Nach 1860 wurde die Kohle aus Schlesien billiger und die Lieferung per Eisenbahn günstiger. Die Züge fuhren auf den Straßenbahngleisen entlang der Hochbahn bis zum Lausitzer Platz und weiter durch die Eisenbahnstraße zum Schlesischen Bahnhof.

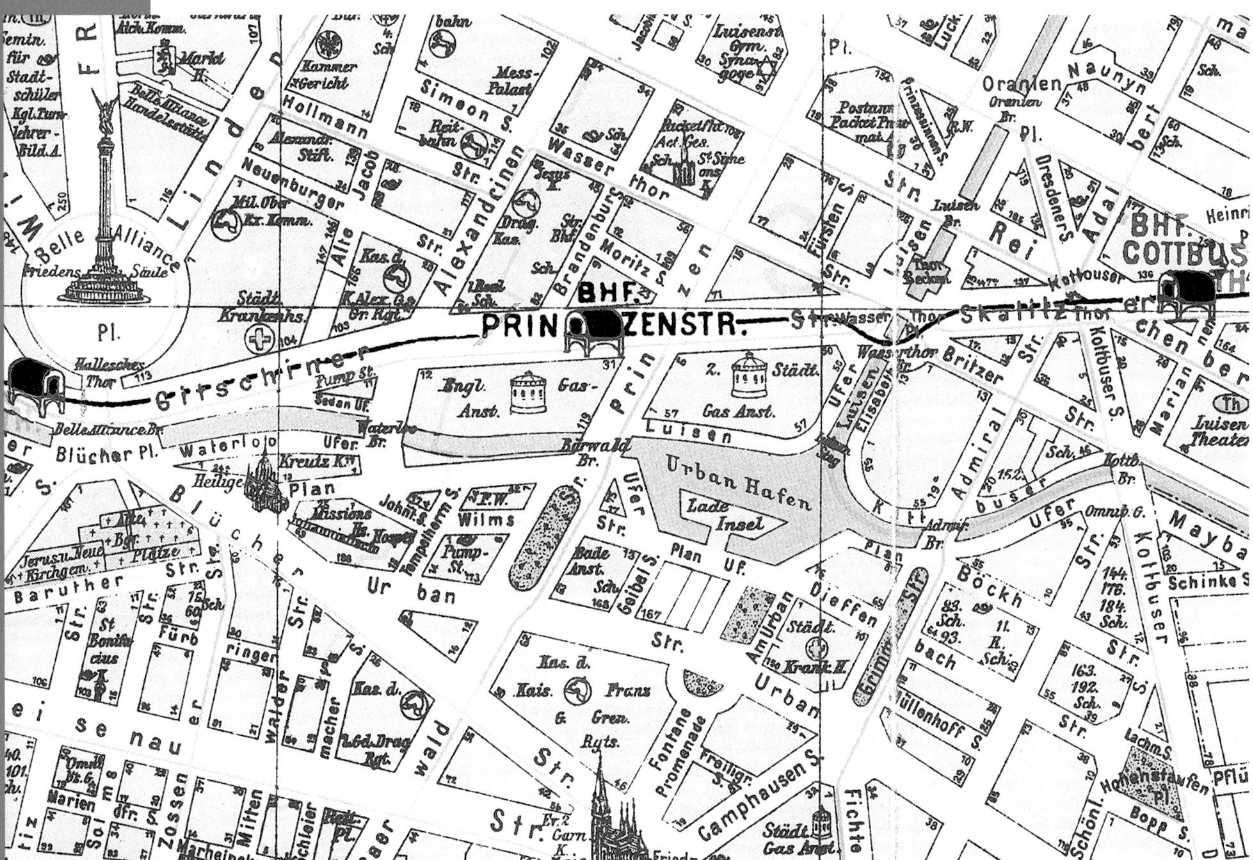

Bahnsteighalle Prinzenstraße **1901**

Im April ist die Bahnhofshalle einschließlich des Gleisbettes weitgehend fertig gestellt.

In der Mitte liegt noch das Schmalspurgleis einer Materialbahn, mit der die weniger weit fortgeschrittenen Bauabschnitte versorgt werden.

Bf. Prinzenstraße zum Halleschen Thor **1901**

Die Brücken zu den Treppenhäusern lassen diesen Hochbahnhof mächtiger als andere erscheinen. Zwischen den Gleisen sind im August die Stromschienen und Versorgungsleitungen verlegt.
Die Hochbahn wird erst in sechs Monaten den Betrieb aufnehmen, aber im Treppenhaus hat bereits der »Spezial Ausschank der Berliner Bierbrauanstalt« geöffnet.

Treppenaufgang zum Bf. Prinzenstraße **1901**
Auf der nördlichen Seite des Bahnhofs ist der Treppenaufgang im Wohnhaus Gitschiner Straße Nr. 72 untergebracht.
Die Eingänge sind noch mit Brettern verschlossen, haben aber schon elektrische Beleuchtung.

Hochbahn in Richtung Prinzenstr. **1902**
An der Abzweigung des Sedanufers von der Gitschiner Straße schmiegt sich der Viadukt an den Landwehrkanal an. Die Uferstraße existiert, ebenso wie die dortigen Häuser, heute nicht mehr. An der Stelle des Eckhauses führt nun die Zossener Brücke über den Kanal.

Brücke am Sedanufer **1901**

Unter dem linken Brückenauflager wechseln die Straßenbahngleise in Richtung Prinzenstraße auf den südlichen Fahrdamm der Gitschiner Straße.

An den dekorativen Elementen der Brückenpfeiler wird noch gearbeitet.

Gründungsarbeiten am Landwehrkanal **1899**

Gegen Ende des Jahres 1898 hatten die Arbeiten an der Hochbahn westlich des Sedanufers begonnen. Zu dieser Zeit war auf den weiter östlich gelegenen Abschnitten der Bau der Viadukte schon in fortgeschrittenem Stadium. Die Pfeilerfundamente für den Viadukt am Kanalufer erfordern eine sehr tiefe Gründung und entsprechend radikale Eingriffe in die bestehende Befestigung der Böschung.

Viadukt in Richtung Prinzenstr. **1901**

An der Brandwand des Hauses im Hintergrund wird für das bekannteste Varieté Berlins geworben: das »Apollo Theater« in der Friedrichstraße 218. Ab 1903 wird an Stelle des Werbeträgers das Reichspatentamt errichtet werden.
Am rechten Bildrand weist ein Schild an der Fassade des Hauses auf das dortige Divisionsquartier der Heilsarmee hin.

Viadukt in Richtung Hallesches Thor **1902**

Die drei Pfeiler in der Bildmitte sind diejenigen, deren Fundamente auf dem Bild Seite 53 in die Uferbefestigung eingebunden wurden.

Der große Lastkahn wird von einem einzigen Mann mit einem Holzstab geschoben (gestakt), während eine Frau das Ruder führt.

HALLESCHES THOR

(heute Hallesches Tor)

Der Bahnhof Hallesches Thor hatte seinen Namen vom ehemals dort gelegenen Stadttor. Eben hier führte der nach Plänen von Peter Joseph Lenné bis 1850 ausgebaute Landwehrkanal an die alte Stadtmauer heran. Die 1874 über dem Kanal errichtete Belle-Alliance-Brücke stellte die Verbindung zwischen dem prächtigen Belle-Alliance-Platz (heute Mehringplatz) und dem südlich davon gelegenen Blücherplatz her. Direkt auf die mit Skulpturen reich geschmückte Kanalbrücke mündete der Bahnhofsausgang. Auf Grund seiner besonderen Lage erhielt der Eingangsbereich des Hochbahnhofs einen repräsentativen Charakter. Die Bahnhofsanlage mit den vielen hoch aufragenden Sandsteinpfeilern und der im Stilgemisch von Renaissance und Barock gestalteten Vorhalle prägte das Erscheinungsbild der Umgebung. Entworfen wurde sie von den Architekten Hermann Solf und Franz Wichards, die auch das nahe gelegene Patentamt an der Gitschiner Straße (Baubeginn 1903) gestalteten.

Insgesamt zehn Straßen mündeten in diesen Knotenpunkt, fünf davon mit Straßenbahn- oder Pferdebuslinien. Schon in den 1890er Jahren war dies einer der verkehrsreichsten Orte Berlins. Eine Zählung aus dem März 1891 listete als täglichen Verkehr auf: 3785 Lastfuhrwerke, 752 Hand- und Hundewagen, 606 Kutschen, 2841 Pferdebusse und Straßenbahnwagen sowie 91 152 Fußgängerinnen und Fußgänger.

Bahnhof Hallesches Thor und Belle-Alliance-Brücke, 1902

Bei der Errichtung der Linie U6 im Jahr 1923 wurde die Hochbahnstation zu einem Umsteigebahnhof umgebaut. Während des Zweiten Weltkrieges erlitt die Anlage schwere Bombenschäden, sodass von der ursprünglichen Gestalt vieles verloren gegangen ist.

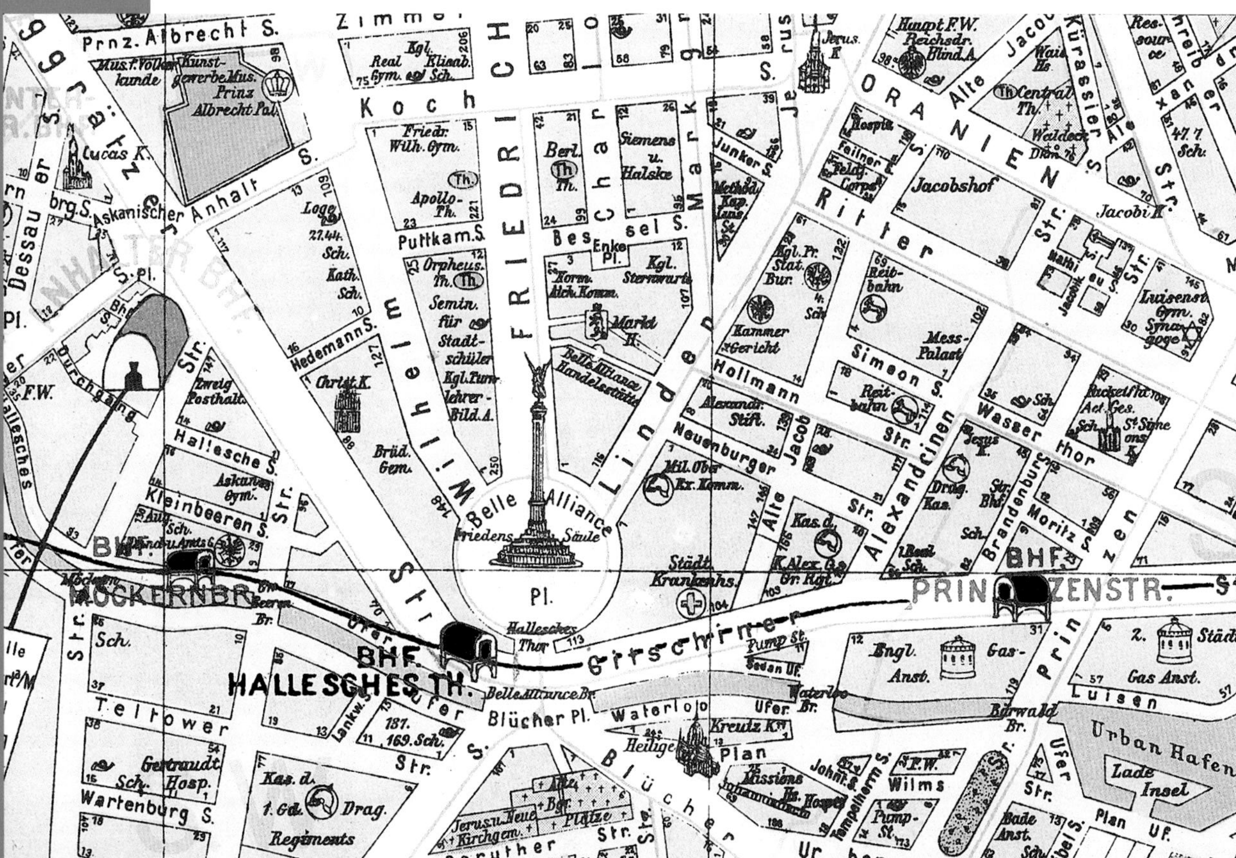

Bf. Hallesches Thor **1901**

Der Gegensatz zwischen der modernen Bahnsteighalle und dem steinernen Eingangsgebäude wird schon beim Bau des Bahnhofs ersichtlich.

Damit die Bahnhofshalle nicht die Uferstraße beengt, ragt sie weit über die ursprüngliche Uferbefestigung auf das Wasser hinaus.

Bf. Hallesches Thor **1901**

Für den Aufbau der Pylonen ist ein erstaunlich filigranes Holzgerüst errichtet worden, das zugleich als Kran dient.

Der Pferdeomnibus im Vordergrund bietet auch Sitzplätze auf dem Oberdeck. Die Benutzung der Treppe während der Fahrt ist offensichtlich nicht verboten.

103

Bf. Hallesches Thor und Belle-Alliance-Brücke 1901

Am rechten Bildrand ist das linke der zwei spiegelbildlich angelegten Gebäude von 1879 zu sehen, die den Zugang zum Belle-Alliance-Platz bilden. Sie stammen von dem Schinkel-Schüler Johann Heinrich Strack. Er hat u. a. auch die Siegessäule gestaltet, die zu dieser Zeit noch vor dem Reichstag steht.

Bf. Hallesches Thor **1901**

Ein Dekorationselement, das seinen Platz unterhalb der geflügelten Räder an der Spitze des Pylonen finden soll, wird verkrant. Der Grund für die Anwesenheit der gepflegten Herren ist nicht bekannt.

Das Schild an der Stirnseite der Bahnhofshalle zeigt, dass die »Brückenbau Anstalt Beuchelt & Co« aus Grünberg/Schlesien (heute Zielona Gora) mit der Ausführung der Eisenkonstruktion des Bahnhofs beauftragt worden ist.

Bf. Hallesches Thor **1901**

Im April geht der Rohbau seiner Vollendung entgegen. Das Holzgerüst ist bereits weitgehend abgebaut.

Rechts unten ist zu erkennen, dass die äußeren Steinblöcke des Eingangsgebäudes keineswegs von Natur aus so blendend hell sind.

Bf. Hallesches Thor **1901**

Die Hochbahngesellschaft nutzt das geflügelte Rad zur Krönung der monumentalen Pfeiler. Es wurde in der Geschichte vielfach als Symbol für Mobilität verwendet. Das Motiv der Flügel geht auf Hermes zurück, den Götterboten aus der griechischen Mythologie.

Gruppenbild im Bf. Hallesches Thor **1902**
Eine der vielen Ehrenfahrten findet fünf Wochen vor der offiziellen Eröffnung der Hochbahn statt. Die feierliche Kleidung der Damen und Herren zeigt, dass die Einladung durchaus als etwas Besonderes empfunden wurde.

Belle-Alliance-Brücke **1902**

Ein Bild aus den ersten Betriebstagen im Februar 1902: Der einfahrende Zug trägt noch die Girlanden der Eröffnungsfahrt. Großstadtverkehr: Straßenbahnen und Pferdebusse auf der Brücke sind zwischen Kreuzberg, Treptow, Rixdorf, Pankow und Wedding unterwegs.

Belle-Alliance-Brücke **1902**

Militär hat immer Vorrang, auch vor der »Elektrischen«.
Links und rechts der Brücke befinden sich die am häufigsten fotografierten Blumenstände Berlins.

Viadukt westlich des Halleschen Thores **1901**

Der Viaduktteil besteht aus zwei parallel aufgestellten Gitterlängsträgern mit je zwei Stützen.

Im Abstand von anderthalb Metern werden diese Längsträger mit quer angeordneten Doppel-T-Trägern verbunden, auf denen die Gleiskonstruktion installiert wird.

Hallesches Ufer in Richtung Hallesches Thor **1901**
Die hölzernen Gleisschwellen liegen direkt auf den eisernen Querträgern auf. Zwischen letzteren sind nach oben gewölbte Bleche eingefügt. Diese Konstruktion wird gemäß einer obrigkeitlichen Forderung wasserdicht isoliert werden, um unter dem Viadukt geschützt flanieren zu können.

Hallesches Ufer in Richtung Hallesches Thor **1902**

Eine Aufnahme aus den ersten Tagen des Betriebs im Februar: Der Zug hat gerade den Bahnhof Möckernbrücke in Richtung Stralauer Thor verlassen und befindet sich kurz vor der Großbeerenbrücke.

An der Stelle der Häuser auf der linken Seite steht heute das Hochhaus der Postbank.

MÖCKERNBRÜCKE

Benannt wurde der Bahnhof nach der hier kreuzenden Möckernstraße, die wiederum auf den Ort der so genannten Völkerschlacht bei Leipzig (1813) verweist. Seine Konstruktion entsprach der Siemensschen Standardform. Nach mehrfachen Umbauten, zuletzt zum Umsteigebahnhof beim Bau der Linie U7 in den Jahren 1965 bis 1968, besitzt er heute keine Ähnlichkeiten mehr mit dem Ursprungsgebäude.

Westlich des Bahnhofs Möckernbrücke überquerte der Viadukt den Landwehrkanal an der Stelle, an der auch die Eisenbahnbrücke zum Anhalter Fernbahnhof den Wasserweg kreuzte. Der Bau der Hochbahnbrücke erforderte besondere Vorkehrungen, weil weder die Schifffahrt auf dem Kanal noch der Eisenbahnverkehr mit täglich bis zu 150 Zugbewegungen unterbrochen werden sollte. Zu ihrer Montage war eine feste Rüstung aus vier eisernen Hilfsbrücken notwendig. Zwei dieser Hilfsbrücken lagen über der Eisenbahnbrücke. Sie wurden von den Seiten aus frei tragend vorgebaut. Die beiden anderen, die den Kanal überspannten, legte man auf Holzböcke, die wiederum auf flachen Kähnen standen, sodass die Konstruktionen anschließend in ihre Position eingeschwommen werden konnten. Um genügend lichte Höhe über der Eisenbahntrasse zu erhalten, wurde die eigentliche Brücke eineinhalb Meter über den Pfeilerauflagern fertig gestellt und anschließend in die endgültige Position abgesenkt.

Bahnhof Möckernbrücke von der Großbeerenstraße, 1901

Im westlichen Anschluss an die Kanalbrücke und die Brücke über der Uferstraße führte die Hochbahn an der Ecke Tempelhofer Ufer und Trebbiner Straße durch ein von Paul Wittig entworfenes »Thorhaus«. Neben diesem errichtete die Hochbahngesellschaft an der Trebbiner Straße ein Kohlekraftwerk mit zunächst drei Dampfmaschinen, die jeweils eine Höchstleistung von 1200 Pferdestärken hatten. Ihre Generatoren lieferten den Strom für die gesamte Stammlinie. Gegenüber dem Areal des damaligen Kraftwerkes befindet sich heute das Deutsche Technikmuseum Berlin.

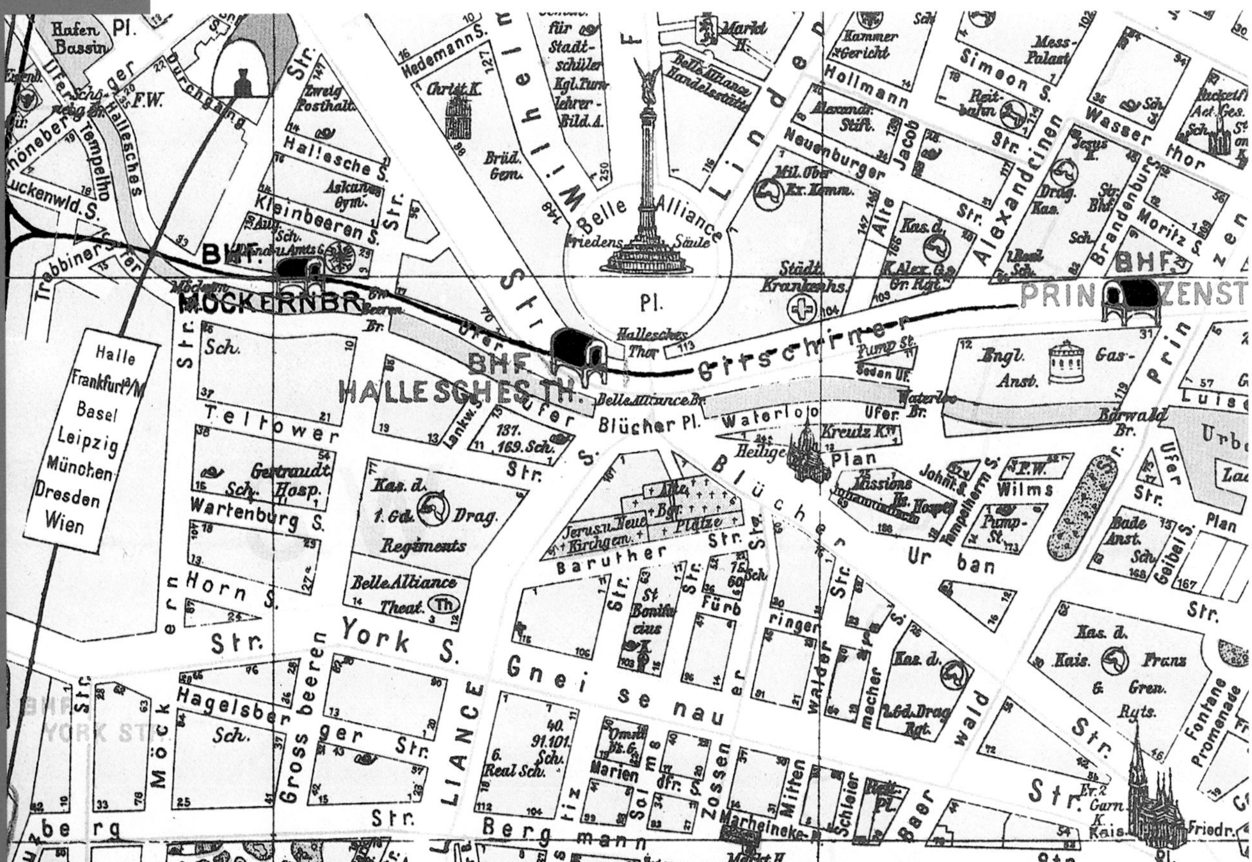

Viadukt in Richtung Bf. Möckernbrücke **1902**

Vor dem Viadukt liegt ein offener Stevenkahn. Auf dem Kanal kann nur gestakt oder getreidelt (vom Ufer gezogen) werden. Schiffe dieses Typs mit einer Länge von 40,5 Metern konnten bis zu 180 Tonnen transportieren.
Die Schifferfamilie präsentiert sich dem Photographen im Sonntagsstaat.

Bf. Möckernbrücke **1901**

Der Bahnhof ist im September für den Beginn der Probefahrten bereit. Nach der Abdichtung der Unterkonstruktion ist der Fahrweg bis zur Oberkante der Schwellen mit gesiebtem und gewaschenem Elbkies aufgefüllt worden. Dies dient der Schalldämpfung.
Das Ausfahrtsignal aus dem Eisenbahnsortiment der Firma Siemens & Halske in Richtung Hallesches Thor steht auf Halt.

Bf. Möckernbrücke, westliche Ausfahrt **1901**

Im Mai sind an der Eingangstreppe noch letzte Arbeiten zu erledigen, und auch das Kassenhäuschen an ihrem unteren Ende fehlt noch.

Auf schmückende Elemente ist an diesem Bahnhof fast völlig verzichtet worden. Lediglich die Bogenbleche des Viadukts werden als Dekoration unter dem Bahnhof fortgeführt.

Bf. Möckernbrücke, westliche Ausfahrt **1902**

Zu dieser Zeit befördern in Berlin über 8000 Pferdedroschken Fahrgäste.

Obwohl die Hochbahn erst seit einigen Tagen in Betrieb ist, erhoffen sich die Droschkenkutscher offensichtlich regen Kundenzulauf.

Hochbahnüberführung am Landwehrkanal **1901**
Noch fehlen der Brücke die Türmchen und Emaillewappen, die der Architekt Paul Wittig zur Ausschmückung vorgesehen hat. Zwei der vielen Züge, die täglich vom oder zum Anhalter Bahnhof fahren, überqueren gerade die Eisenbahnbrücke unter dem stehenden Hochbahnzug.

Thorhaus am Tempelhofer Ufer **1901**
Auf dem Eckgrundstück baut die Hochbahngesellschaft ein Wohnhaus über die Trasse. Im Anschluss an das Thorhaus befindet sich links in der Trebbiner Straße das Kraftwerk der Stammlinie. Gegenüber befindet sich heute das Deutsche Technikmuseum Berlin.

Ausflug zur Hochbahn **1901**

Das Torhaus, vor dem die geladenen Gäste Aufstellung genommen haben, ist mittlerweile von Mitarbeitern der Hochbahngesellschaft und ihren Familien bezogen worden.
Paul Wittig hat das Sternengewölbe in der Durchfahrt mit leuchtenden Blau- und Goldtönen ausmalen lassen

Torhaus am Tempelhofer Ufer **1901**

Mit einer Fülle von Führungen für durchaus unterschiedliche Gruppen betreibt die Hochbahngesellschaft intensiv Öffentlichkeitsarbeit. Die häufige Beteiligung von Offiziersgruppen erinnert daran, welche wichtige Rolle das Militär in wilhelminischer Zeit spielte.

GLEISDREIECK

Nach der Fahrt durch das »Thorhaus« am Tempelhofer Ufer schlängelten sich die Züge durch das Gleisdreieck, das ursprünglich »Anschlußdreieck« genannt wurde, weil es den Abzweig von der Ost-West-Linie nach Norden zum Potsdamer Platz gewährleistete. Es war tatsächlich nur ein Dreieck der Gleise ohne Bahnhof.

Komplizierte Unter- und Überführungen zur Vermeidung unnötiger Gleiskreuzungen ermöglichten direkte Verbindungen zwischen den drei Endstationen. Die dennoch notwendigen Weichen erwiesen sich – wegen der fehlenden automatischen Sicherung gegen Kollisionen – als gefährliche Schwachpunkte. Aus Sicherheitsgründen konnte die zeitliche Zugfolge deshalb nur begrenzt verdichtet werden. Ein schwerer Unfall am 26. September 1908 mit 21 Todesopfern erhöhte den Druck auf die Hochbahngesellschaft, die gesamte Anlage grundlegend umzubauen. Im Zuge dieses Umbaus, der bei laufendem Betrieb bis 1912 erfolgte, entstand auch der Umsteigebahnhof Gleisdreieck.

Auf der oberen Ebene des Bahnhofs befand sich nun die Endstation der Linie, die vom Bahnhof Warschauer Brücke kam. Zur Weiterfahrt in Richtung Westen oder Stadtmitte mussten die Fahrgäste die Züge auf dem unteren Bahnsteig benutzen. Erst 1926, mit der Fertigstellung der Entlastungsstrecke zwischen Bahnhof Gleisdreieck und Nollendorfplatz, konnte man wieder, ohne umzusteigen, über das Gleisdreieck und den

Gleisdreieck in Richtung Westen, 1901

Bahnhof Kurfürstenstraße bis zum Nollendorfplatz durchfahren. Obwohl damit ein richtiger Kreuzungsbahnhof entstanden war, haben der Bahnhof und das umliegende Gelände den Namen Gleisdreieck bis heute behalten.

Vom Gleisdreieck in Richtung Westen überspannte die Hochbahn das riesige Gelände der Königlich Preußischen Eisenbahn, das die südlichen Stadtbereiche voneinander trennte. In nördlicher Richtung überquerte die Hochbahn nochmals den Landwehrkanal, um anschließend auf dem Weg zum Potsdamer Platz in den Untergrund einzutauchen.

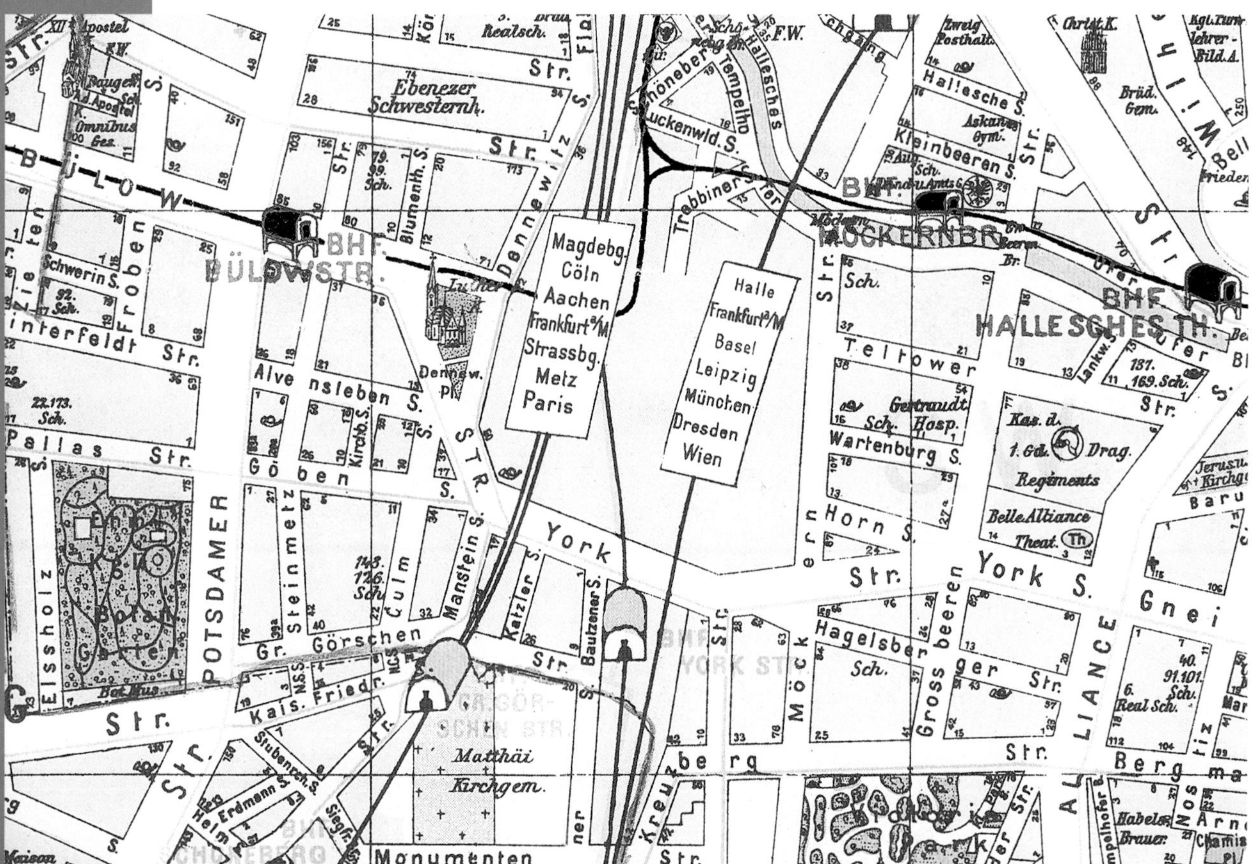

Gleisdreieck in Richtung Möckernbrücke **1901**
Durch das Torhaus, rechts im Hintergrund noch im Bau, werden die Züge von der Möckernbrücke in das Gleisdreieck kommen. Links und rechts der Gleise liegen Baustellen der »Markt- & Kühlhallengesellschaft«, die Berlin mit Stangeneis beliefert.

Gleisdreieck in Richtung Möckernbrücke 1901

Zehn Monate später sind die Gebäude weitgehend fertig gestellt, die Wandbeschriftung des Kühlhauses II fehlt noch. Der kleine Schornstein gehört zum Kesselhaus der Eisfabrik.

An dem 80 Meter hohen Schornstein des Hochbahnkraftwerkes wird noch gearbeitet. Am Ausleger des Kranes schwebt eine Last.

29.10.01.

Gleisdreieck in Richtung Westen **1901**

Kurz vor der Aufnahme des Probebetriebes wird im Oktober noch an den Schienen zur Stromzuführung im Gleisdreieck gearbeitet.

An der Weiche links im Vordergrund wird sich sieben Jahre später der schwere Unfall mit 21 Todesopfern ereignen.

Gleisdreieck in Richtung Nordwesten **1901**

Das Gleisdreieck liegt vor dem Eisenbahngelände des Potsdamer Güterbahnhofs.

Die im Vordergrund liegende Spitze des Dreiecks führt rechts nach Osten zur Warschauer Straße, die linke zum Zoologischen Garten und die mittlere nach Norden zum Potsdamer Platz.

Gleisdreieck nach Süden **1901**

Rings um das Gleisdreieck befindet sich, soweit das Auge reicht, Eisenbahngelände – ein mächtiger Fremdkörper inmitten des wachsenden Stadtraumes.

Die Anlage ist in Mischbauweise aus gemauerten und eisernen Viadukten errichtet worden. Rechts neben der Wagenhalle liegen beide Bauformen auch übereinander.

Gleisdreieck in Richtung Süden **1901**

Die Wagenhalle inmitten der Anlage war zur Ausführung kleinerer Reparaturen gedacht und wesentlich kleiner als die an der Warschauer Straße. Sie fasst nur drei Züge mit jeweils drei Wagen.

An ihrer Stelle wird bei dem Umbau bis 1912 der Umsteigebahnhof Gleisdreieck entstehen.

Gleisdreieck von Süden **1902**

Von der Südspitze des Gleisdreiecks blickt man zwischen den Unter- und Überführungen nach Norden. Ohne Gleisplan ist kaum zu erklären, welcher Weg die Züge in welche Richtung führt. Das gleiche Gleisgewirr findet sich an jeder Spitze des Dreiecks.

Nördliches Gleisdreieck in Richtung Potsdamer Platz 1901
Unter der nördlichen Spitze des Dreiecks zeigt sich die Komplexität der Konstruktion für die Über- und Unterführung der Hochbahngleise.
Links liegt der Viadukt der Ring- und Vorortbahn, in dessen Bögen sich Händler niedergelassen haben.

Südliches Gleisdreieck **1901**

Vor den Bögen des Viadukts liegt das wohl geordnete Baustofflager für das Gleisdreieck. Kohlen- und Baustoffhändler haben hier ebenfalls ihre Niederlassungen.
Über das Gleis zwischen den Kohlenlagern wird im Winter auch das Kraftwerk der Hochbahngesellschaft mit Brennstoff versorgt. Im Sommer kommt die Kohle über den Landwehrkanal.

Familienausflug **1901**

Die Familie Siemens besichtigt mit »Kind und Kegel« die komplexen Anlagen des Gleisdreiecks. Links außen Arnold v. Siemens. Er war ein Sohn des Firmengründers Werner v. Siemens und übernahm 1904 den Vorsitz im Aufsichtsrat der Aktiengesellschaft. Die Unterscheidung zwischen Kindern und Erwachsenen fällt nicht leicht.

Feier im Gleisdreieck **1901**

Im Juli wird die Fertigstellung des Gleisdreicks gefeiert. Zu diesem Anlass hat man eine Tribüne gebaut und präsentiert zur Erläuterung ein Modell der Anlage. Außerdem fahren zwei Probewagen mit spezieller Stromzuführung. Die Regelfahrzeuge werden erst drei Monate später geliefert werden.

Gleisdreieck nach Nordost **1901**

Leitende Herren lassen sich in einer Personenlore das Bauwerk vorführen. Die Lore fährt noch auf den Versorgungsgleisen zwischen den Schienen.

Am westlichen Schenkel (links) steht das zentrale Stellwerkgebäude des Gleisdreiecks, von dem aus der Verkehr auf den Strecken geleitet und überwacht wird.

Gleisdreieck in Richtung Südwesten **1901**

Von der Südspitze des Gleisdreiecks biegt die Hochbahn in Richtung Westen ab, um nach Überquerung des Eisenbahngeländes den Dennewitzplatz zu erreichen.

Unter der Brücke im Vordergrund verlaufen auf den gemauerten Viadukten die Gleise der Ring- und Vorortbahn nach rechts zum Potsdamer Bahnhof.

Vom Hinterhaus Bülowstr. 70 zum Gleisdreieck **1901**
Im Westteil der Stammlinie wird eine andere Gleisbettung verwendet: Auf dem Viadukt sind Buckelplatten zur Aufnahme des Kiesbettes montiert, in dem die Schwellen verlegt werden. Durch die Abkopplung der Gleise vom Stahlgerüst verbessert sich die Geräuschdämmung.
Auf der rechten Bildseite ist ein Teil der neuen Volksbadeanstalt zu erkennen.

POTSDAMER PLATZ

(nicht mehr vorhanden)

An der Königgrätzer Straße (heute Stresemannstraße) befand sich der Potsdamer Fernbahnhof, dessen Fronteingang auf den Potsdamer Platz mündete. Er war flankiert von den beiden Bahnhöfen der Ringbahn und der Vorort- bzw. der Wannseebahn. Der Untergrundbahnhof gleichen Namens wurde unmittelbar neben dem Fernbahnhof, östlich des Hauptgebäudes unter dem Droschkenvorplatz, angelegt. Zusammen mit dem ebenfalls in der Königgrätzer Straße gelegenen Anhalter Bahnhof bot dieses Ensemble der Stammlinie weitere hervorragende Anschlüsse an den Eisenbahnfern- und -vorortverkehr.

Untergrund-Bahnhof Potsdamer Platz am Tag der Rohbaufertigstellung, 18.11.1901

Schon damals war das Areal um den Potsdamer und den benachbarten Leipziger Platz ein Synonym für das Gewimmel hektischen Metropolenverkehrs. Mit der Anbindung an den dortigen fast ununterbrochenen Strom von Straßenbahnen und Pferdebussen verbesserte sich die Vernetzung der U-Bahn mit dem restlichen Großstadtverkehr zusätzlich. Diese Nahtstelle beförderte den schnellen geschäftlichen Erfolg der Hochbahngesellschaft.

Die Bauarbeiten sowohl an der Rampe vom Landwehrkanal bis zum Bahnhof als auch am Untergrundbahnhof selber erforderten wegen der beengten Platzverhältnisse besondere Techniken. In dem dicht bebauten Gebiet zeigten sich die Komplikationen der offenen Tunnelbauweise. Im Gegensatz zu den breiten Straßen zwischen Nollendorfplatz und Knie mussten hier Häuser abgerissen und wieder aufgebaut werden. Die Tunnelwände sollten direkt neben den umliegenden Gebäuden stehen, deren Fundamente, zuvor nur bis zur Grundwasserlinie reichend, bis unter die Tunnelsohle erweitert werden mussten.

Bei der Verlängerung der Strecke vom Potsdamer Platz in Richtung Stadtmitte wurde der Untergrundbahnhof Potsdamer Platz 1907 aufgegeben. Stattdessen entstand keine 200 Meter weiter nördlich der Bahnhof Leipziger Platz, der schließlich 1923 seine bis heute geltende Bezeichnung »Potsdamer Platz« erhielt. Wie viele andere war auch dieser Bahnhof zwischen 1961 und 1993 wegen der politischen Teilung der Stadt außer Betrieb.

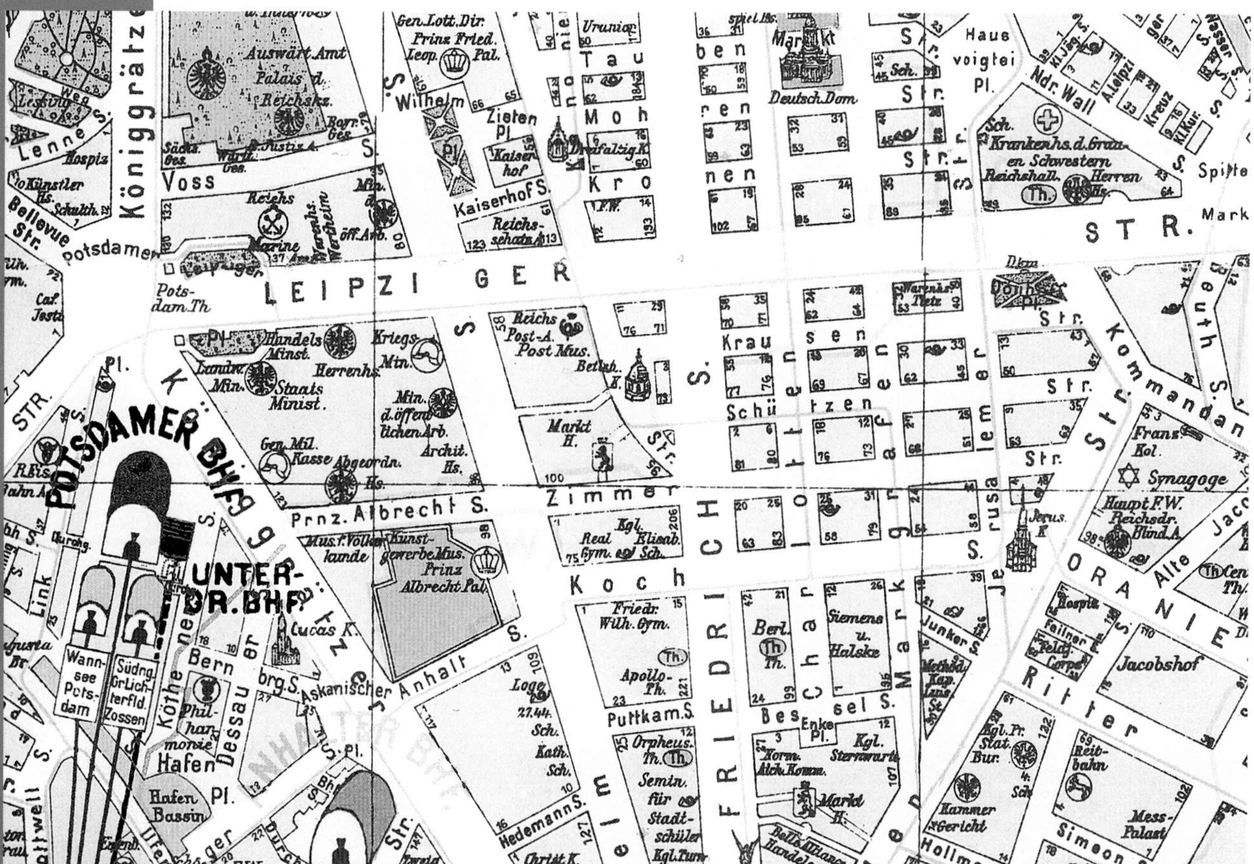

Bf. Potsdamer Platz in Richtung Norden **1901**

Anders als in den Charlottenburger Tunnelabschnitten konnten in der engen Baugrube am Potsdamer Bahnhof keine Spundwände zur Einfassung der Baugrube eingerammt werden. Deshalb werden hier zuerst die Tunnelwände in eigenen Baugruben hergestellt, während der Erdkern dazwischen liegen bleibt. Das Empfangsgebäude im Hintergrund ist abgestützt, weil dessen Fundamente dort nach unten erweitert werden.

Bf. Potsdamer Platz in Richtung Norden **1901**

Der Bahnhof wird unter dem Droschkenvorplatz des Fernbahnhofs liegen. Die Zufahrt soll während der Bauarbeiten gewährleistet bleiben. Deshalb wird der U-Bahnhof in zwei Bauabschnitten hergestellt. Während im südlichen Abschnitt bereits die Deckenträger montiert werden, ist im Hintergrund im nördlichen Bauabschnitt noch die Zufahrt zum Vorplatz hinter dem Bretterzaun möglich.

Bf. Potsdamer Platz in Richtung Süden **1901**

Im Mai ist der südliche Teil des Bauwerks im Hintergrund bereits fertig gestellt. Die Zufahrt zum Droschkenplatz erfolgt über dessen Tunneldecke.

Links und rechts des Nordabschnittes werden stückweise die Seitenwände des Bahnhofs betoniert. Im Vordergrund biegt ein Tunnelstumpf in die Königgrätzer Straße (heute Stresemannstraße) ab. Über ihn werden die Züge später zum Richtungswechsel auf die andere Bahnsteigseite rangiert.

Bf. Potsdamer Platz **1901**

Hinter der Baustelle befindet sich das Gebäude des Potsdamer Fernbahnhofs.
In der Bildmitte ist der Bau des U-Bahn-Zugangs in Richtung Gleisdreieck weit fortgeschritten, während im Vordergrund mit Hochdruck an der Ausschachtung der Baugrube für den nördlichen Bahnhofsteil gearbeitet wird. Für den Photographen musste natürlich still gehalten werden.

Fabrik
für
Teppich-Fabrik
Niederlage
Hermann Robert
10.5.01.

Bf. Potsdamer Platz in Richtung Norden **1901**
Die Aufnahme ist von der Tunneldecke des Südabschnittes aus gemacht worden.
Die Seitenwände des Nordteils sind bereits auf halber Länge fertig gestellt. Bis zum Ende der Mittelkonsole, auf der die Stützenreihe steht, ist auch der Tunnelboden unter dem Erdreich bereits betoniert.

Bf. Potsdamer Platz in Richtung Süden **1901**
Aushub und Baumaterialien können aus Platzmangel nur innerhalb der Baugrube befördert werden. Die Lorenbahn fährt zu diesem Zweck mit einer kleinen Dampflok durch den fertigen Rohbau des Südteils bis zu den Transportkähnen im Hafen am Landwehrkanal. An ihn erinnert heute nur noch der Name »Hafenplatz«.

Tunnelbau in der Königgrätzer Str. **1900**

Neben dem bereits erwähnten Tunnelstumpf plant die Stadt eine eigene, tiefer gelegene U-Bahn. Damit der Tunnel bei dessen Bau nicht aus dem Gleichgewicht gerät, ist hier ein sehr tiefes Fundament unter der Tunnelsohle notwendig. Deshalb wird mit einem Senkkasten gebaut: Ein wasserdicht ummantelter, unten offener »Kaisson« aus Holz wird über die turmartige Schleuse (Bildmitte) mit Überdruck versorgt, um ihn von Grundwasser frei zu halten.

Tunnelbau in der Königgrätzer Str. **1901**

Im Innern des Senkkastens haben Arbeiter das darunter liegende Erdreich weggegraben, um es über die Schleuse hinauszubefördern. Der Kasten sank tiefer. Dann wurde der vorgefertigte Stahlträgerrahmen für das Tunnelstück aufgesetzt und in gleicher Weise abgesenkt.
Hier befindet er sich schon tief in der Erde und ist zum Abtransport des Aushubs provisorisch abgedeckt.

Tunnelbau in der Königgrätzer Str. **1901**
Zum Schluss ist der hölzerne Senkkasten mit Beton verfüllt worden, um mit einer darüber liegenden weiteren dicken Betonschicht das tiefe Fundament des Tunnelstücks zu bilden. Der letzte Arbeitsschritt war dann die Betonierung der Tunnelummantelung unter Verwendung des Stahlträgerrahmens.

Tunnel am Ring- und Vorortbahnhof nach Norden **1901**

Gegenüber dem Ringbahnhof sind die Hinterhäuser der Köthener Straße 12 bis 14 für die Tunnelarbeiten abgerissen worden.
Nach Fertigstellung des Tunnelabschnitts werden sie, jetzt zum Teil auf der Tunneldecke stehend, wieder aufgebaut.

Bf. Potsdamer Platz **1902**

Der Bahnhof und das Personal wirken hier wohl nur wegen der mangelhaften Ausleuchtung durch den Photographen sehr dunkel und bedrohlich.
Bei der Ausgestaltung des Bahnhofs ist auf schmückenden Zierrat weitgehend verzichtet worden.

Bahnhofseingänge am Potsdamer Platz **1902**

Geradeaus geht der Blick über den seit vier Monaten in Betrieb befindlichen U-Bahnhof hinweg zum Portal des Ring- und Vorortbahnhofs.

Neben dem U-Bahnhofseingang auf der rechten Seite liegt inmitten des geschäftigen Treibens nach wie vor der kleine Friedhof der Dreifaltigkeitsgemeinde, der erst 1924 aufgehoben werden wird.

BÜLOWSTRASSE

Das von der Bahnstrecke durchbrochene Wohnhaus Bülowstraße 70 markierte den Beginn des westlichen Teils der Stammstrecke, der durch Berlins vornehmen Südwesten führte. Den dortigen Anwohnern wurde eine aufwändigere Gestaltung des neuen Verkehrssystems zugestanden, die auch dem Zeitgeschmack stärker entgegenkam. Sowohl für die Neugestaltung des Viadukts als auch für den Bahnhof an der Potsdamer Straße wurde im Oktober 1897 ein Gestaltungswettbewerb ausgeschrieben. Bei beiden Bauwerken setzten sich die Entwürfe des Architekten Bruno Möhring durch, die unter Mitarbeit der Ingenieure Friedrich Schumacher und Emil Schellewald entstanden waren.

In zweierlei Hinsicht unterschied sich der Viadukt bis zum Nollendorfplatz von dem der Oststrecke: Er wirkte durch die nunmehr leicht schräg nach außen gespreizten Stützen luftiger, und seine Monotonie wurde durchbrochen von einzelnen massiven Steinportalen und hoch ragenden Sandsteinpfeilern, die an den Straßenüberführungen Akzente setzten. Hier gab es deutliche Anklänge an die zur selben Zeit von Otto Wagner gebaute Wiener Stadtbahn. Selbst der Gestaltung der Brückengeländer widmeten sich Bruno Möhring und Alfred Grenander mit großer Sorgfalt.

Beim Bahnhof an der Potsdamer Straße wurde ursprünglich eine Übernahme des Straßennamens in Erwägung gezogen. Schließlich wurde aber der preußische

Bahnhof Bülowstraße, 1902

General Friedrich Wilhelm Bülow von Dennewitz zum Namensgeber. Bahnhofsein- und -ausgänge befanden sich an der verkehrsreichen Potsdamer Straße, die Berlin über Schöneberg, Steglitz und Zehlendorf mit der Residenzstadt Potsdam verband. Der reich verzierte Bahnhof ruhte auf wuchtigen und dennoch schwungvoll wirkenden Sandsteinstützen, die sich über das Bahnsteigniveau und das Dach der Bahnsteighalle hinaus nach oben fortsetzten.

Trotz schwerer Kriegsschäden ist der Bahnhof bis heute weitgehend in seiner ursprünglichen Form erhalten geblieben.

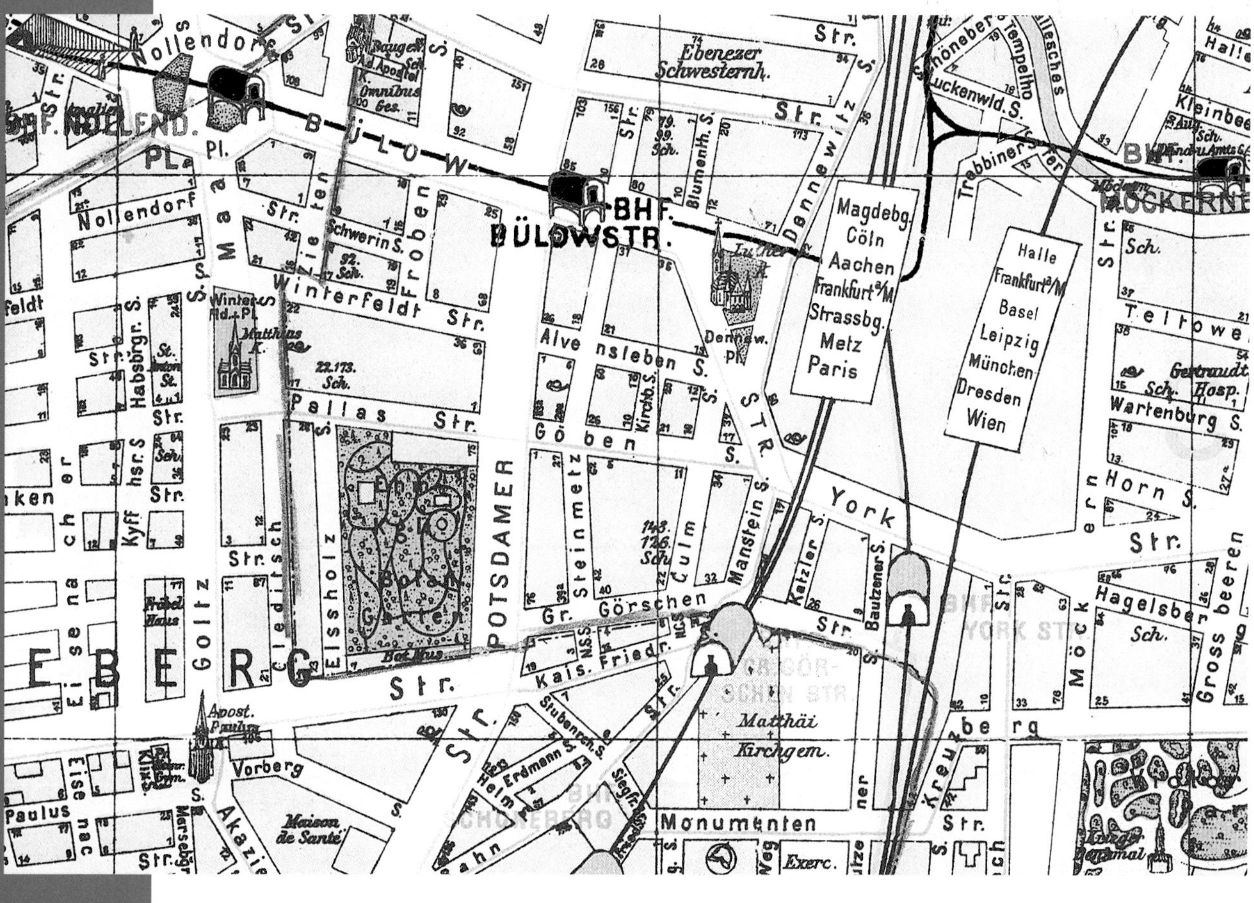

Hausdurchfahrt in der Bülowstr. 70 **1901**

Eine Gruppe von Offizieren kommt in den Genuss einer Vorbesichtigung. Sie ist hier an der Rückfront des Hauses Nr. 70 versammelt. Im Hintergrund ist der Bahnhof Bülowstraße zu erkennen.

Die Gruppe wird geführt von Heinrich Kress, einem der Abteilungsbaumeister von Siemens & Halske, der später in den Vorstand aufrücken wird.

Brücke am Dennewitzplatz **1900**

Die Hausdurchfahrt und die Eisenkonstruktion befinden sich noch im Rohbau.

Über der Fahrbahn warnen Schilder: »Achtung! Nicht aufstehen!« und »Fahrleitung nicht berühren!« Sie richten sich an die Passagiere von Pferdeomnibussen mit Oberdeck, die durch Kontakt mit den Straßenbahnoberleitungen in Lebensgefahr geraten können.

Hausdurchfahrt in der Bülowstr. 70 **1905**

Der Zug auf der Brücke kommt vom Bahnhof Bülowstraße und durchquert das Haus nach rechts in Richtung Gleisdreieck.
Die Besucher der »Akademischen Bierhallen« unter der Trasse fühlen sich wahrscheinlich durch den Lärm weniger gestört als die Hausbewohner.

Viadukt in Richtung Bf. Bülowstraße **1902**

Die Fahrbahn schwenkt am Dennewitzplatz erst hinter der Lutherkirche auf den Mittelstreifen der Bülowstraße ein, um den Abstand von der Lutherkirche so groß wie möglich zu halten. Die Hausbesitzer Bülowstraße 71–73 mussten deshalb finanziell entschädigt werden.

Viadukt in der Bülowstr. **1901**

Diese Aufnahme gehört wie die vorhergehende zur Dokumentation der AG Lauchhammer. Sie war von der Hochbahngesellschaft mit der Ausführung der Stahlkonstruktion dieses Bauabschnitts bis zum Bahnhof Bülowstraße beauftragt. Den Viadukt vom Gleisdreieck Richtung Potsdamer Platz hat sie ebenfalls errichtet.

Viadukt am Dennewitzplatz **1902**

Die mitten auf der Straße stehenden Stützen sind so filigran wie möglich gehalten.

An der linken Straßenecke bewirbt ein Geschäft für »Drogen und Farben« das Mundwasser ODOL, das zum Zeitpunkt der Aufnahme bereits seit neun Jahren produziert wird.

Viadukt am Dennewitzplatz **1902**

Seit 1855 stehen überall in Berlin die Säulen von Ernst Theodor Litfaß. Ursprünglich haben sie in erster Linie der Bekanntmachung obrigkeitlicher Verordnungen gedient, da andere Medien dem normalen Bürger kaum zugänglich waren.
Hier begegnen wir dem Jungen aus dem vorhergehenden Bild wieder: Er darf die Zügel des Getränkewagens führen.

Viadukt am Dennewitzplatz **1901**

In der Bildmitte befindet sich eines der mächtigen Steinportale mit hohen Säulen. Sie sollen die Gleichförmigkeit des Viaduktes wirkungsvoll unterbrechen.
Wie im Ostteil der Strecke ist unter dem Viadukt ein durchgehender Fußweg angelegt.

Bf. Bülowstraße in Richtung Dennewitzplatz 1902

Die Hinweisschilder über den Treppenaufgängen bieten den Fahrgästen schon von weitem eine gute Orientierung.

Fahrräder tauchen in dieser Umgebung häufiger im Straßenbild auf als im östlichen Verlauf der Stammlinie.

Bf. Bülowstraße in Richtung Dennewitzplatz **1902**

Die Hochbahn bietet im westlichen Abschnitt ein deutlich imposanteres Erscheinungsbild.

Der höhere gestalterische Aufwand zeigt sich nicht nur in der Monumentalität des Bahnhofs und der Zierpfeiler, sondern auch in dem von Bruno Möhring entworfenen Geländer der Straßenbrücke.

Bülowstr. in Richtung Nollendorfplatz **1901**

Die im Westteil der Stammlinie verwendeten schrägen Stützen geben dem Viadukt mehr Eleganz und Leichtigkeit. Im unteren Teil eines Stützpfeilers sind pro laufendem Meter 240 Nieten verarbeitet.

Droschken warten in langer Reihe in Richtung Bahnhof Bülowstraße. Die Pferde haben während der Aufnahme nicht stillgehalten und sind wegen der langen Belichtungszeit kaum zu erkennen.

Bülowstr. in Richtung Nollendorfplatz **1902**

Tausende von Kilometern Telephon- und Telegraphenleitungen durchziehen den Himmel von Berlin. Auf vielen Bildern sind die Holzgerüste zu ihrer Befestigung zu erkennen. Auch auf diesem Gebiet ist Siemens & Halske in Berlin führend.

Noch werden alle Gespräche per Hand vermittelt. Dabei ist der Wortlaut amtlich vorgegeben. Amt: »Hier Amt, was beliebt?« Anrufer: »Wünsche mit Nummer XY zu sprechen.«

NOLLENDORFPLATZ

Die Hochbahnlinie führte nur etwa 200 Meter, von der Zietenstraße bis zum Nollendorfplatz, durch das Gebiet der Stadt Schöneberg. Die Gemarkungsgrenze zur Stadt Charlottenburg verlief quer über den Nollendorfplatz und durch das über der östlichen Hälfte des Platzes errichtete Bahnhofsgebäude hindurch. Um den prächtig bebauten Platz, benannt nach dem preußischen General Friedrich Kleist von Nollendorf, waren kurz zuvor noch die Dampfstraßenbahnen der Westlichen Berliner Vorortbahn gefahren, die inzwischen durch elektrische Fahrzeuge abgelöst worden waren.

Bahnhof Nollendorfplatz, 1901

Um dem Umfeld zu entsprechen und die Hochbahn mit einem angemessenen westlichen Schlusspunkt zu versehen, verpflichtete die Hochbahngesellschaft die bekannten Berliner Architekten Wilhelm Cremer und Richard Wolffenstein. Sie überbauten den Bahnhof mit einer krönenden Kuppel, die deutlich an den französischen Pavillon von Gustave Eiffel auf der Pariser Weltausstellung von 1889 erinnerte. Den Eingangsbereich des Bahnhofs inmitten des Platzes betteten sie in eine neu gestaltete Gartenanlage ein. Hier schloss sich in westlicher Richtung direkt die Rampe zum Tunnel an, der die Stammlinie als Unterpflasterbahn weiterführte.

Der große Gestaltungsaufwand hing auch mit dem Wunsch der Firma Siemens zusammen, die bereits in Planung befindliche U-Bahn für die Stadt Schöneberg zu bauen. Sie sollte vom Nollendorfplatz aus nach Süden zur Hauptstraße (heute Innsbrucker Platz) führen. Tatsächlich wurde Schöneberg 1910 mit dieser Strecke zur vierten Stadt des europäischen Kontinents mit einer Untergrundbahn.

Unterirdische Ergänzungen durch Bahnsteige für weitere Linien erhielt der Bahnhof Nollendorfplatz 1910 und 1926. Das obere Bauwerk wurde im Krieg schwer beschädigt und die stolze Kuppel völlig zerstört. Der Betrieb auf dem Hochbahnsteig ließ nach dem Mauerbau erheblich nach, weil die Züge nur noch zwei Stationen weiter, bis zum Gleisdreieck, fahren konnten. Von 1972 bis zur Wiederherstellung des Berliner U-Bahnnetzes 1993 wurden die oberen Bahnsteige für einen Flohmarkt genutzt.

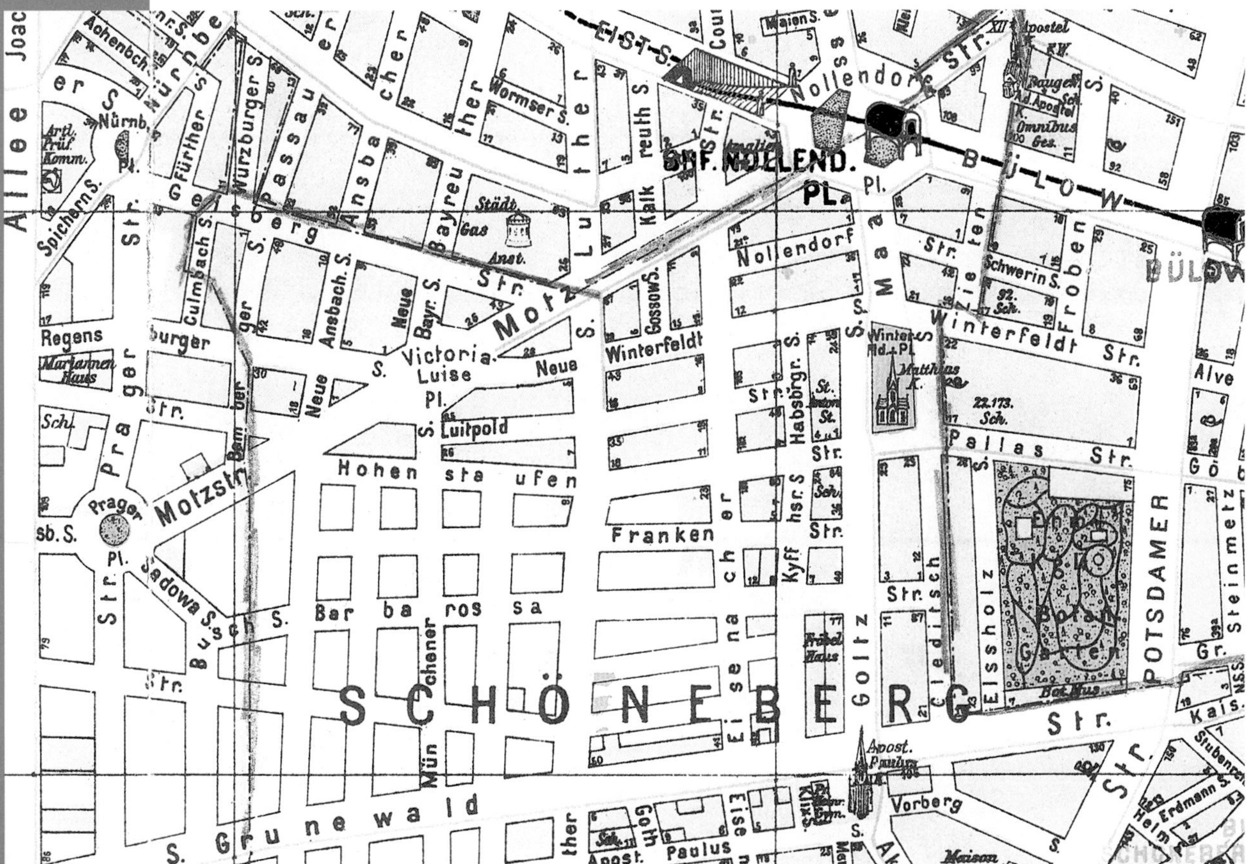

Bf. Nollendorfplatz in Richtung Bülowstr. 1901

Im Sommer ist der Bau der Bahnhofshalle schon weit fortgeschritten. Auf der Trasse werden bereits die Schwellen im Kies verlegt.

Vorschriften zur Sicherheit am Arbeitsplatz sind um die Jahrhundertwende noch sehr selten. Die drei Arbeiter auf dem Dachträger kommen ohne Sicherungsgeschirr aus.

Bf. Nollendorfplatz **1901**

Die Kuppel setzt einen herausragenden Schlusspunkt am westlichen Ende des oberirdischen Streckenabschnitts. Eine neue Grünanlage trägt zur Wirkung des Bauwerks bei.

Der heutige Bahnhof Nollendorfplatz sieht nach Kriegszerstörungen und Umbauten völlig anders aus. Im Jubiläumsjahr 2002 ist er aber mit einer neuen Kuppel versehen worden, die sich an das historische Vorbild anlehnt.

Tunnelrampe in Richtung Wittenbergplatz **1901**
Dieses Bild ist von dem Punkt aus aufgenommen, an dem die Trasse erstmals unter das Straßenniveau taucht. Hier sind die Betonierungsarbeiten unproblematisch, weil in trockenem Grund gebaut wird. In den folgenden Bauabschnitten wird die Baugrube bis weit unter den Grundwasserspiegel reichen.

Gleisarbeiter auf der Tunnelrampe **1901**
Nur die Vorarbeiter und der Polier durften beim Photographieren auf das Werkzeug in der Hand verzichten.
Zwischen den Schienen des Gleises, das erst vor kurzer Zeit verlegt worden ist, befindet sich noch das Schmalspurgleis der Transportbahn.

25.10.01.

Rampe in Richtung Nollendorfplatz **1901**
Die Seitenwände sind bereits geklinkert. Alle anderen Arbeiten sind im Oktober in vollem Gange: Im Vordergrund werden die Gleise verlegt, die zwischen ihnen verlaufenden Stromschienen werden montiert, und der Kuppel am Nollendorfplatz wird die Spitze aufgesetzt.

Rampe in Richtung Nollendorfplatz **1902**
Hier begegnen sich U-Bahn und die »Elektrische« – vermeintliche Konkurrenten, die sich schließlich hervorragend ergänzen sollten. Links unten ist zu erkennen, dass hier die Stromschienen die Seite wechseln; im Hochbahnteil verlaufen sie zwischen den Gleisen, in den Tunneln entlang der Wände.

Tunnelrampe in Richtung Nollendorfplatz **1902**

Es gibt immer Baumängel: Auf dem Fahrweg direkt vor der Bahnhofskuppel sind drei Monate nach Betriebsbeginn Bauarbeiter mit Nachbesserungen beschäftigt.

Die kunstvollen Geländer der Tunnelrampe hat Alfred Grenander mit Jugendstilelementen ausführen lassen.

Baugrube Kleiststr. in Richtung Wittenbergplatz 1901
Vor Beginn der Ausschachtungsarbeiten sind auf beiden Seiten Bretterbohlen in die Erde gerammt worden. Diese Spundwände werden gegeneinander mit Querhölzern abgestützt, um dem Druck des äußeren Erdreichs stand zu halten.
Links und rechts der Bauzäune stehen die verzierten Masten der Straßenbahn-Oberleitungen.

Tunnelgrube Kleiststr. **1901**

In diesem Abschnitt stören wasserundurchlässige Schichten das Abpumpen des Grundwassers. Deshalb ist hier ein Saugbrunnen innerhalb der Baugrube angelegt worden.
An der rechten Spundwand befinden sich die Anlagen zum Flüssigkeitsnachschub für die Bauarbeiter.

Kleiststr. in Richtung Wittenbergplatz **1902**

Die U-Bahn unter dem Mittelstreifen auf der rechten Bildseite ist zum Aufnahmezeitpunkt seit einem halben Jahr in Betrieb.
Bei den Tunnelarbeiten sind Risse im Unterbau der Straße entstanden, die durch das Abtragen der Asphaltschicht freigelegt werden. Die Tafel im Vordergrund gibt zu Dokumentationszwecken den genauen Ort an: »22 m w[estlich] Eisenacherst[raße]«.

WITTENBERGPLATZ

Der Wittenbergplatz wurde nach dem preußischen General Bogislav Friedrich Tauentzien Graf von Wittenberg benannt. In den ersten Jahren besaß der Bahnhof noch kein oberirdisches Eingangsgebäude. Auf dem weiten Platz wirkten die Bahnhofszugänge und das Kassenhäuschen recht unscheinbar. Ihre Ausformung gab ihnen Alfred Grenander, der Architekt, der ab dem Jahre 1900 für drei Jahrzehnte die Gestaltung der Berliner Hoch- und Untergrundbahnen maßgeblich geprägt hat.

Seine Hauptattraktion erhielt der Platz erst 1907 mit dem Kaufhaus des Westens (KaDeWe). Beim Bau der U-Bahnen zur Uhlandstraße und Richtung Dahlem entstand 1913 das imposante, anfangs umstrittene Bahnhofsgebäude. Es prägt den Wittenbergplatz bis heute.

Der Entwurf von 1891 sah für die Stammlinie eine durchgehende Ausführung als Hochbahn bis zum Zoologischen Garten vor. Nach diesen Plänen hätte die Hochbahngesellschaft das östlich gegenüber der Kaiser-Wilhelm-Gedächtniskirche liegende Gebäude, in dem sich später das berühmte »Romanische Café« befand, aufkaufen müssen. Mitten durch dieses Haus sollte die Bahn hindurchgeführt werden, um einen Viadukt direkt neben der Kirche zu vermeiden. Fortfahren sollte sie auf einem an den Zoologischen Garten grenzenden Viadukt, dessen Ausführung nach kaiserlichem Willen »in echtem Material«, also aus Stein, zu erfolgen

Bahnhofseingang Wittenbergplatz, 1902

hatte. Nachdem die AEG mit dem Bau des Stralauer Spreetunnels in der Zeit von 1895 bis 1899 die technische Machbarkeit von Untergrundbahnen im Berliner Schwemmsand nachgewiesen hatte, verstärkten die Vertreter der Stadt Charlottenburg den Druck, die Stammlinie auf ihrem Gebiet unter das Straßenpflaster zu verlegen. Um den Weiterbau nicht zu gefährden, nahm die Hochbahngesellschaft die Mehrkosten in Kauf und führte die Bahn über eine Rampe zwischen Nollendorfplatz und Eisenacher Straße in den Untergrund. Damit erübrigten sich die alten Pläne, und eine dicht an der Gedächtniskirche verlaufende Linienführung wurde möglich.

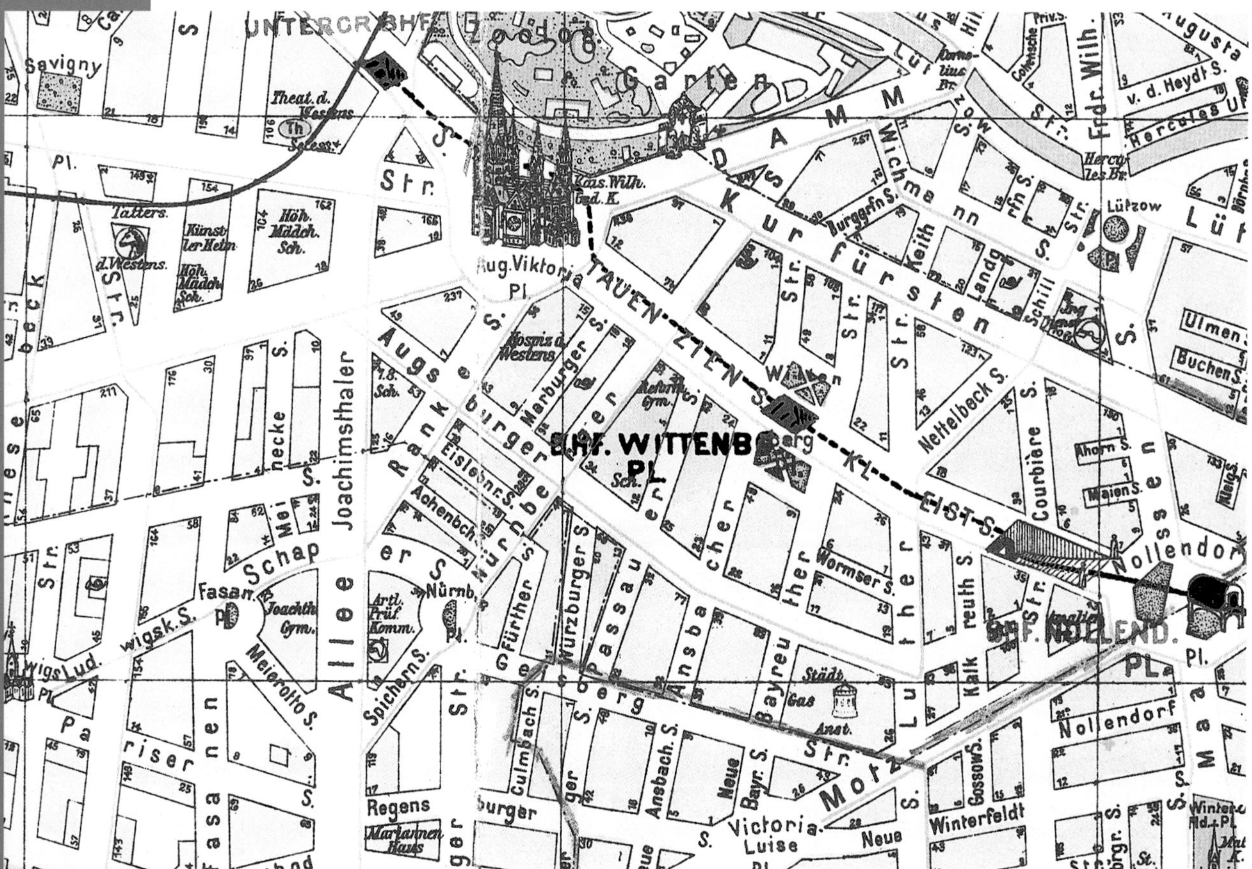

Bf. Wittenbergplatz Richtung Westen **1901**

Das Eckhaus auf der linken Seite wird bald abgerissen und 1907 durch das KaDeWe ersetzt.

Die Baugrube des Bahnhofs ist seitlich mit Bohlen eingefasst und wird bis zur Grundwasserlinie ausgeschachtet. Die Verladestation am rechten Rand der Grube dient zum Umladen des Abraums auf Pferdefuhrwerke. Das Erdreich kann größtenteils zur Anlage neuer Straßen auf Schöneberger Gebiet verwendet werden.

Bf. Wittenbergplatz in Richtung Westen **1901**

Am Ende der Bahnhofsbaugrube sind die Entwässerungsrohre an der Bohlenwand bereits in Betrieb. Die davon abgehenden Saugbrunnen führen durch die Aussparungen in die Tiefe. Die mit Dampflokomobilen betriebenen Pumpen senken den Grundwasserspiegel im gesamten Baubereich innerhalb von zwei bis drei Tagen ausreichend ab. Der normale Pegel läge knapp unterhalb der Rohre.

Bf. Wittenbergplatz in Richtung Kleiststr. 1901

Der zukünftige Tunnel muss ringsum gegen das Grundwasser abgedichtet sein. Dafür werden der Boden und die Holzwände mit einer dünnen Betonschicht versehen, die sorgfältig geglättet wird. Anschließend bilden drei Lagen Asphaltpappe, mit reichlich Bitumen verklebt, die eigentliche Dichtung. Zu deren Schutz wird nochmals eine Feinbetonschicht aufgetragen. Dann erst folgt die dicke Fundamentsohle, die hier zu sehen ist.

Bf. Wittenbergplatz nach Westen **1901**

Auf der abgedichteten Gründung ist der Tunnelboden des Bahnhofs bis zur Bahnsteigkante fertig gestellt. Die Schablonen zur Ausformung der Rundungen und die Schalbretter sind gerade erst abgenommen worden. Beim nächsten Arbeitsgang werden die Seitenwände aufbetoniert. In der Mitte verläuft der Steg, auf dem die Tunnelstützen ihren Platz finden werden.

Bf. Wittenbergplatz **1901**

In der für Laien eindrucksvollen Weite der Baugrube führen Heinrich Schwieger, Adolf Lerche und einige andere Vertreter der Hochbahngesellschaft eine Gruppe von Politikern, unter denen sich der Berliner Oberbürgermeister Martin Kirschner befindet (vordere Reihe, 3. von links).

Bf. Wittenbergplatz in Richtung Nollendorfplatz **1901**

Über dem künftigen Bahnhof Wittenbergplatz sind alle Stahlträger der Deckenkonstruktion aufgelegt. Dazwischen werden gewölbte Betonkappen eingegossen. Auf den Wänden des Tunnels aus Richtung Zoologischer Garten (im Vordergrund) kommen die Träger in ihre endgültige Position.

17.7.01

Bf. Wittenbergplatz **1902**

Das Innere des Bahnhofs mit seinen weißen Wandkacheln ist schlicht. Die Gestaltungsmöglichkeit der Architekten beschränkte sich auf Details wie die Köpfe der Stützsäulen. Aus diesem Blickwinkel ist die Deckenkonstruktion mit Betonkappen zwischen den Querträgern gut zu erkennen. Der Zug fährt in Richtung Bahnhof Zoologischer Garten ab.

Wittenbergplatz Richtung Nollendorfplatz **1902**

Die Bahnhofseingänge und das Kassenhäuschen im Jugendstil stammen von Alfred Grenander.

Da sich die Endstationen im ersten Jahr mehrfach ändern, sind die Richtungsangaben zunächst provisorisch: Am linken Eingang ist ein handgemaltes Schildchen »Eingang Zoologischer Gar.« angebracht. Oder waren sie nur vergessen worden?

Startschuss am Zoologischen Garten **1900**

Im Oktober beginnen die Arbeiten mit der Dampframme an der Begrenzungsmauer des Zoologischen Gartens gegenüber der Kaiser-Wilhelm-Gedächtniskirche. Der Lärm der folgenden Monate wird nicht nur die Tiere erschreckt haben. Die Tunnelarbeiten beginnen an mehreren Stellen gleichzeitig.

Die Ordnung der folgenden Bilder orientiert sich am Baufortschritt und weniger an der Streckenabfolge.

Hardenbergstraße **1901**

Am Ende der Baugrube sind die provisorische Überführung der Joachimsthaler Straße und die Eisenbahnbrücken zu erkennen. Dort wird in der Grube des U-Bahnhofes bereits betoniert.

Die Straßenbahn ist auf das Gelände des Zoologischen Gartens ausgewichen. Dafür sind die Ausleger der elektrischen Oberleitungen einfach auf der anderen Seite der Masten angeschraubt worden.

Auguste-Viktoria-Platz (heute Breitscheidplatz) 1901

Mittlerweile ist die Ausfahrtrampe bis auf die Höhe der Gedächtniskirche vorgerückt. Die Holzkästen am linken Rand der Baugrube werden die Entwässerungsrohre aufnehmen. Geradeaus geht der Blick in die Kantstraße.

Ungefähr an der Stelle des Eckgebäudes auf der linken Seite steht derzeit noch das Schimmelpfeng-Haus über dem östlichen Ende der Kantstraße, dessen Abriss trotz des bestehenden Denkmalschutzes bereits beschlossen ist.

Auguste-Viktoria-Platz **1901**

Die Fundamente der Gedächtniskirche reichen lediglich bis zur Hälfte der vorgesehenen Tunneltiefe. Da die Strecke hier nur wenige Meter davon entfernt verläuft, ist eine verstärkte Baugruben-Einfassung notwendig. Sie besteht aus senkrecht eingerammten Doppel-T-Eisenträgern mit querliegenden starken Bohlen. Mit wachsender Tiefe des Aushubs werden die Bohlen von oben nachgeschoben (Berliner Verbau).

Auguste-Viktoria-Platz **1901**

Diese Aufnahme zeigt deutlich, wie dicht der Tunnel an der Kirche vorbeiführt. Zur Abstützung gegen den Druck ihrer Fundamente ist dort eine tiefe zweite Reihe von Spreizhölzern eingezogen. Das Gebäude auf der rechten Seite ist erst einige Monate zuvor fertig gestellt worden. Darin befindet sich das in den 1920er Jahren berühmt gewordene »Romanische Café«.

Das Glasnegativ dieser Aufnahme ist eines der wenigen, das einen Sprung aufweist.

Tauenzienstr., Ecke Marburger Str. **1900**

Am 26.10.1900, dem Tag des ersten Rammschlages am Zoologischen Garten, sind die Arbeiten an dieser Stelle schon weit fortgeschritten. Hier wird folgende Technik verwendet: Nach dem Einrammen einer äußeren Bohlenwand erfolgt die Ausschachtung bis zur Grundwasserhöhe. Innerhalb der Grube wird dann eine zweite Bohlenreihe bis zur Baugrubensohle eingetrieben. Die Entwässerungsbrunnen und -leitungen finden ihren Platz zwischen den beiden Holzwänden.

Havana-Jmport-Compagn
26.10.00.

Tauenzienstr., Ecke Nürnberger Str. **1901**

Die Baustelle des Tunnels befindet sich links vom Straßenbahngleis in Richtung Gedächtniskirche.

An dieser Stelle ist die Baugrube erweitert, um einen Düker zu errichten – so nennt man ein Bauwerk, das große Abwasserrohre einer querenden Straße unter dem Tunnel hindurch führt.

Tauenzienstr., Ecke Nürnberger Str. **1901**

Die gleiche Stelle wie auf dem Bild zuvor: Hier ist sie aus dem U-Bahntunnel heraus photographiert worden. Am oberen Bildrand ist zu erkennen, dass die Straßenbahngleise in einem Trog verlaufen, der an Doppel-T-Trägern aufgehängt ist. Der Düker muss fertig sein, bevor mit den Tunnelarbeiten begonnen werden kann.

Tauenzienstr. **1901**

Die Baugrube liegt unter zwei Reihen von Spreizhölzern, die jeweils die äußeren und die inneren Spundwände gegeneinander abstützen.

Um das Jahr 1900 sind die Möglichkeiten der Maschinisierung begrenzt, und der geballte Einsatz menschlicher und tierischer Arbeitskraft ist nach wie vor die Regel. Unter diesen Umständen ist das Tempo des Baufortschrittes erstaunlich.

Tauenzienstr. **1901**

Diese Aufnahme ist am gleichen Tag wie die vorhergehende gemacht worden. Hier sind drei weitere Baustadien zu sehen: Im Vordergrund sind die Ausschachtungsarbeiten beendet, und an den Spundwänden auf beiden Seiten ist die Oberkante für die erste Betonschicht angezeichnet. Im Hintergrund stehen drei Männer auf der Fundamentschicht, die nach unten und zur Seite komplett abgedichtet ist. Hinter ihnen wiederum wird die untere Tunnelschale betoniert.

Tauenzienstr. **1900**

Dies ist einer der ganz frühen Bauabschnitte: Im Dezember 1900 steht hier die schon die Abdichtung an.

Das dazu verwendete Material wird von den Zeitgenossen als »Asphaltpappe« oder »Asphaltfilz« bezeichnet. Verklebt wird es mit Bitumen oder auch »Gudron«, einer teerartigen Masse, die nur in Ungarn gewonnen und von einer Budapester Firma geliefert wird.

Hardenbergstr. **1901**

Hier werden die Betonierungsarbeiten für den oberen Teil der Tunnelwände ausgeführt. Während bis zur Grundwasserlinie die Wände etwa einen Meter dick sind, werden sie nach oben hin schmaler: Hinter dem Arbeiter im Vordergrund ist die nach innen abgeschrägte Schalung zu erkennen. Neben der Baugrube lagern die nicht mehr benötigten Entwässerungsrohre sowie die Bitumenfässer für die Abdichtung der Tunneldecke.

Hardenbergstr. **1901**

Auf dem Gerüst vor der Kirche befindet sich die Mischanlage. Zement und Kies werden über die Rampe zugeführt und der fertig gemischte Beton in die unten stehenden Loren gefüllt. Über die Gleise auf den Spreizhölzern erreichen sie die vorbereiteten Schalungen im Tunnel. Der Kies stammt aus einer Grube bei Niederfinow und ist über den Finowkanal nach Berlin transportiert worden.

Auguste-Viktoria-Platz **1901**

Im Übergang zur Tauentzienstraße sind die gemeinsame Schalung für den Tunnelboden und die unteren Wandteile noch vorhanden. Die Schalung wird zusammen mit den Spreizhölzern entfernt werden. Zwischen Gedächtniskirche und »Romanischem Café« ist der Tunnelrohbau bis zur Deckenunterkante fertig. Der Absatz zum separat gegossenen oberen Wandteil zeichnet sich auf beiden Seiten deutlich ab.

Hardenbergstr. **1901**

Die Mittelstützen für diesen Tunnelabschnitt sind auf der Konsole zwischengelagert. Auf der rechten Seite wird Stück für Stück das obere Wandteil gegossen. Im Vordergrund rechts wird erst die Entwässerungsanlage demontiert, und das nackte Holz der Baugruben-Einfassung ist noch zu sehen.

Tauenzienstr. **1901**

Im März ist der Tunnel in diesem Bauabschnitt bis auf die Decke besenrein fertig gestellt. In dem Betonboden ist überall mittig eine Rinne für den Wasserablauf unter der zukünftigen Gleisbettung ausgespart worden. Mit der Schablone wird gerade getestet, welche Abdeckung am besten geeignet ist.

Auguste-Viktoria-Platz **1901**

In diesem Bereich des Platzes vor der Gedächtniskirche ist der Tunnel fertig, das Erdreich wieder aufgefüllt, und die Baustelle wird geräumt. Der Kurfürstendamm verläuft zu dieser Zeit noch bis zum Auguste-Viktoria-Platz und anschließend weiter nach rechts bis zum Landwehrkanal; dieser Teil wird ab 1925 Budapester Straße heißen.

Auguste-Viktoria-Platz **1901**

Der Tunnel vom Wittenbergplatz ist zu diesem Zeitpunkt fertig. Der Sandhaufen befindet sich auf dessen Decke. In der anderen Richtung, zum Bahnhof Zoologischer Garten, sind die Arbeiten ebenfalls weit fortgeschritten, und die Rampe für die Pferdeloren ist längst aufgehoben. Der Aushub des restlichen Erdreichs muss über eine Schaufeltreppe durchgeführt werden.

5.10.01.

ZOOLOGISCHER GARTEN und KNIE

(heute Ernst-Reuter-Platz)

Durch seine Lage am gleichnamigen Bahnhof der Stadtbahn von 1882, seit 1884 auch Fernbahnhof, verknüpfte der U-Bahnhof Zoologischer Garten die Stammlinie und die Eisenbahn zu einem weiteren bedeutenden Verkehrsknotenpunkt. Die Umgebung des Bahnhofs, um 1890 noch ein weitgehend unbewohntes Areal Charlottenburgs, wurde innerhalb von nur zehn Jahren städtisch erschlossen und bebaut.

Bahnhof Zoologischer Garten, 1901

Von der Joachimsthaler Straße erstreckten sich die Bahnsteige des U-Bahnhofs in Richtung Gedächtniskirche. Eingangsportale und Kassenhäuschen, gestaltet von Alfred Grenander, befanden sich räumlich sehr beengt auf den Mittelinseln der Hardenbergstraße. Die lang gestreckten Kassenhäuschen wurden sogar um die Stützen der Eisenbahnbrücke herum gebaut. Für den Bau des U-Bahntunnels mussten die Pfeilerfundamente der Eisenbahnbrücke durch tiefer reichende ersetzt werden. Zu diesem Zweck wurde die Brücke bei laufendem Betrieb mit mächtigen Holzgerüsten abgefangen. Erst danach konnte der Tunnelabschnitt fertig gestellt werden. So blieb der Bahnhof Zoo Endbahnhof der Stammlinie, bis im Dezember des Jahres 1902 die Verlängerung zum Platz am Knie vollendet wurde.

Der Bahnhof Knie, am Ende der Hardenbergstraße gelegen, war für dreieinhalb Jahre die westliche Endstation der Untergrundbahn. Sein Name bezog sich auf den benachbarten »Platz am Knie«, so genannt wegen der einzigen Krümmung, die die sonst schnurgeraden Verbindungsstraßen zwischen dem Charlottenburger Schloss und dem Berliner Stadtschloss hier bildeten. An der Hardenbergstraße befand sich die »Königliche Baumschule«, und in der Berliner Straße, heute Straße des 17. Juni, stand seit 1879 das wuchtige Gebäude der Königlich Technischen Hochschule Berlin-Charlottenburg, der heutigen Technischen Universität.

Die Innengestaltung des Bahnhofs wies kaum Besonderheiten auf. Seine nach außen wirkenden Architekturelemente, die beiden Eingänge, hatte Grenander nach dem Muster der Bahnhöfe Zoologischer Garten und Wittenbergplatz entworfen. Allerdings wurden die Beleuchtungskörper an Bögen aufgehängt und die Verkaufsstellen für die Fahrkarten, die sich sonst neben den Eingängen befanden, erstmals auf die unterirdischen Bahnsteige verlegt.

Platz und Bahnhof erhielten 1953 ihren heutigen Namen – zu Ehren des kurz zuvor verstorbenen Regierenden Bürgermeisters Ernst Reuter, der zum Ende der 20er Jahre als Stadtrat für Verkehr die Gründung der BVG umgesetzt hatte.

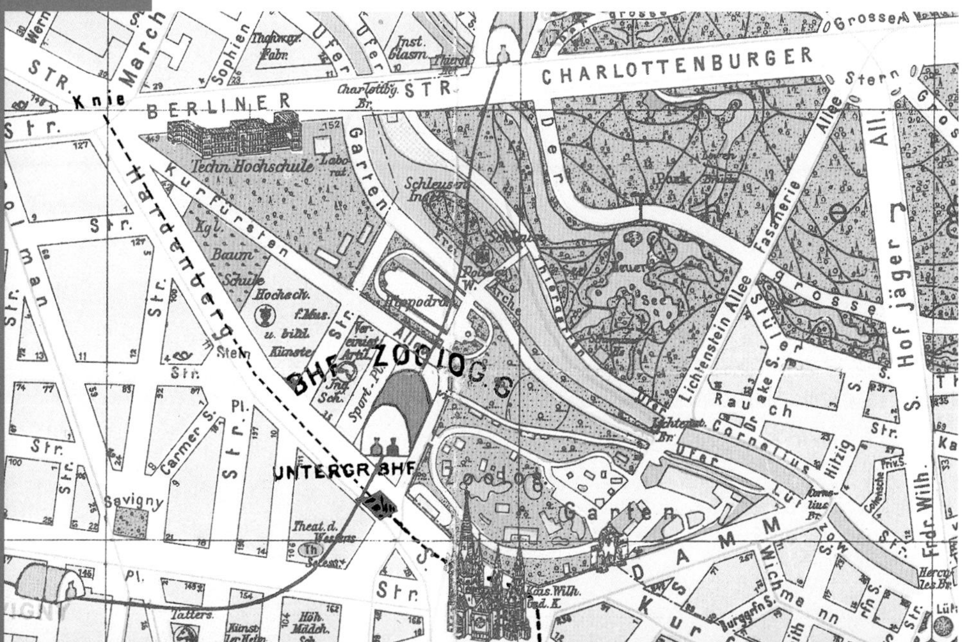

Bf. Zoologischer Garten Richtung Knie **1901**

Der Bildausschnitt erfasst die Baugrube des Bahnhofs vollständig. Für die breite Grube werden quadratische Spreizhölzer benutzt, weil sie durch Laschen leichter auf eine ausreichende Länge zu bringen sind. Entweder sind hier die Pumpen der Entwässerung ausgefallen, oder es hat heftig geregnet.

Eisenbahnbrücke Hardenbergstr. **1901**

Die Fundamente der Brückenpfeiler haben ursprünglich nur bis zur Grundwasserlinie gereicht. Hätte man den Tunnel ohne weitere Maßnahmen dazwischen gesetzt, wäre der Druck auf dessen Wände zu stark gewesen. Die Fundamente werden deshalb vor Beginn der Tunnelarbeiten durch tiefer reichende ersetzt. Zur Abfangung der Brücke ist eine massive Holzkonstruktion erforderlich.

Eisenbahnbrücke Hardenbergstr. 1901

Die später wieder verwendeten Eisenstützen der Brücke lagern an Ort und Stelle und wirken hier ausgesprochen zierlich.
Beim Bau der Stammlinie erfolgt die Beleuchtung der Baustellen überall mit elektrischen Lichtbogenlampen. Die Ausführung der Verkabelung würde bei heutigen Arbeitsschutzbeauftragten vermutlich keine Funken der Begeisterung erzeugen.

Eisenbahnbrücke Hardenbergstr. **1902**

Die neuen Fundamente der Brücke sind fertig und erleichtern die Herstellung des Tunnelstücks. Eine stabile Baugruben-Einfassung entfällt, und die Wände können in einem Stück sowie mit geringerer Wandstärke gegossen werden. Unter der provisorischen Überführung der Joachimsthaler Straße ist die Verbindung zum fast fertig gestellten U-Bahnhof Zoologischer Garten noch verschlossen.

Hardenbergstr. in Richtung Knie **1902**

Auf der Baustelle unter der S-Bahnbrücke liegen die Schalungselemente an der Tunnelwand zum Abtransport bereit. Schon werden die stählernen Mittelstützen aufgestellt und die Deckenträger montiert. Der mobile Kran zum Manövrieren der schweren Eisenteile muss mit der Handkurbel bedient werden.

Bf. Zoologischer Garten **1902**

Am Tag der Aufnahme dieser Photographie, am 21. März, ist die U-Bahn seit zehn Tagen zwischen Zoologischem Garten und Potsdamer Platz in Betrieb. Reisende, die weiter in Richtung Osten wollen, müssen dort noch umsteigen. Die direkte Linie zum Stralauer Thor wird erst am 25. März eröffnet werden. Das provisorische Kassenhäuschen kontrastiert stark mit den kunstvoll gestalteten Eingängen Alfred Grenanders.

Elektrische Hoch u. Untergrundbahn
(Haltestelle Zoologischer Garten)
Nach
Wilhelmplatz, Reichskanzlerpla

Haltestelle Zoologischer Garten **1908**

Die Aufnahme von 1908 verdeutlicht, wie radikal sich die Gegend verändert hat. Erst zwölf Jahre zuvor, 1896, hatte der Eröffnungsgottesdienst in der Gedächtniskirche stattgefunden. Die neoromanischen Häuser in ihrem Umfeld sind ebenfalls neueren Datums. Dieser Baustil sollte nach dem Wunsch des Kaisers die unmittelbare Umgebung der Kirche dominieren.

Bahnhof Knie **1902**

Auf der Baustelle des Bahnhofs Knie sind gleichzeitig alle Schritte zur Bildung der wasserdichten Sohle zu sehen: eine Kiesschicht, erste Betonlage, die Isolierung mit Pappe und Bitumen, dahinter das Einstampfen der nächsten Schutzschicht. Manche der Handstampfer scheinen aus herumliegendem Material gezimmert zu sein.

Hardenbergstr. Richtung Knie **1902**

Hinter den Eisenbahnbrücken am Zoologischen Garten wird eine viergleisige Kehr- und Abstellanlage eingerichtet, weshalb die Baugrube an dieser Stelle so breit ist. Hier hat man auf sehr lange, rohe Baumstämme zurück gegriffen, während bei den übrigen weiten Bahnhofsbaustellen meist gelaschte Vierkanthölzer als Spreizen verwendet werden.

Bahnhof Knie **1902**

Inmitten der Offiziersgruppe steht hier im Sommer 1902 Direktor Heinrich Schwieger (in Zivil mit Zylinder) und darf mit dem Arbeitsergebnis der letzten Jahre zufrieden sein. Die Hoch- und Untergrundbahn Berlins hat einen erfolgreichen Start hinter sich, und als einziger Ingenieur der Welt hat er den Bau zweier elektrischer U-Bahnen verantwortlich geleitet: in Budapest und in der Spreemetropole.

Abbildungs- und Quellennachweis

Abbildungen

Bildarchiv Preußischer Kulturbesitz: S. 31, 53, 146

BVG Archiv, Berlin: S. 50, 129

DB Museum Nürnberg: S. 10, 17, 26, 42, 45, 48, 62, 80, 83, 84, 87, 90, 94, 98, 102–104, 126, 128, 130, 138, 139, 140–143, 147, 148, 150, 151, 155, 156, 157, 159, 160–164, 167, 168

Deutsches Museum München: S. 27, 172

Deutsches Technikmuseum Berlin: S. 8

Eisenkunstgussmuseum, Lauchhammer: S. 30, 113, 116

Landesarchiv Berlin: S. 22, 25

Pharus Plan GbR, Berlin: S. 15, 21, 29, 35, 41, 47, 57, 71, 81, 97, 111, 125, 137, 165

Siemensarchiv München: S. 11, 14, 16, 18, 19, 20, 23, 24, 28, 32–34, 36–40, 43, 44, 46, 49, 51, 52, 54–56, 58–61, 63–70, 72–79, 82, 85, 86, 88, 89, 91–93, 95, 96, 99, 100, 101, 105–110, 112, 114, 115, 117–124, 127, 131–136, 142, 144, 145, 149, 152–154, 158, 162, 166, 169, 170–175

Ausgesuchte Quellen

Bousset, J.: Die Berliner U-Bahn, Berlin 1935
Kemmann, Gustav: Zur Eröffnung der elektrischen Hoch- und Untergrundbahn in Berlin, Berlin 1902
Neue politische Correspondenz, Nr. 10, 27. Februar 1902
Langbein, F.: Die elektrische Hoch- und Untergrundbahn in Berlin. In: Sonderdruck der Zeitschrift des VDI, Nr. 46, 1902
Zobeltitz, Hanns v.: Die Hoch- und Untergrundbahn in Berlin. In: Velhagen & Klasings Monatshefte, Heft 3, November 1901

Siemens-Archiv
Akten zur Hoch- und Untergrundbahn
- Geschäftsberichte der Gesellschaft für elektrische Hoch- und Untergrundbahnen 1897–1903 (AZ 15/Lr 453)
- Kemmann, G.: Die elektrische Stadtbahn Berlin, 1896
- Sitzungsprotokolle des Aufsichtrates der Gesellschaft für elektrische Hoch- und Untergrundbahnen 1897–1906 (AZ 16/LK 569)
- Verträge, Konzessionen, Kostenanschläge 1894–1908 (AZ 21/Ls 312)
- Vertraulich gestempelte Expertise zur Verkehrs- und Ertragsprognose bezüglich der Stammstrecke (AZ 25/Lo 839)